中公文庫

一九四五年夏　最後の日ソ戦

中山隆志

中央公論新社

目次

一九四五年夏　最後の日ソ戦

日ソ国境界標。北緯50度線の日ソ国境は130㎞、基本となる天測境界標は４カ所に設置された。写真は星野の第３界標、左方が日本領、右方がソ連領である

鳴海の第１天側点の日本側界標

ソ連側の天測界標。標石は愛知県岡崎産の花崗岩で作られていた

まえがき

ゴルバチョフ政権の誕生後、ソ連におけるグラスノスチ政策、ペレストロイカ政策の進展と冷戦の緩和、さらにエリツィン政権の誕生、ソ連邦の崩壊と激動が続く中で、日ソ（露）国交の喉に刺さった骨、いわゆる北方領土問題は解決に向かって動き出すかに見えたが、日露双方の国内政治情勢もあり、その後停滞している。日本人はパワーポリティクスの国際社会に対応するにはナイーヴに過ぎ、歴史に対して健忘症気味である。一体どのような経緯で北方領土問題が生じることになったのか、今はほとんど忘れ去られてしまった樺太、千島、さらには北海道をめぐってどんなドラマが展開されたのか、戦後五十年の節目は、これらを振り返って見るよい機会であると思う。

一九四五（昭和二十）年夏、四年にわたる戦争で息も絶え絶えの日本が、懸命にソ連の仲介による対米英和平を求めつつあるとき、原爆投下とこれに引き続くソ連参戦は、まさに止めを刺すものであった。日本の中央首脳部は、ポツダム宣言受諾をめぐる国家としての戦争終結問題にかかりきりで、新たに進攻を開始したソ連軍に対しては各々その正面、満州では関東軍（満州防衛の日本軍）が、樺太、千島方面では第五方面軍のそれぞれ第八十八師団と第九十一師団基幹が、中央の指導、支援もほとんどない中で、必死に対応しなければならなかった。

なかでも樺太、千島正面で、最初の樺太国境からの攻撃開始（八月十一日）は、日本のいわゆる留保付きのポツダム宣言受諾通告発電後であり、樺太西岸（八月十六日及び二十日）及び千島北端の占守島（八月十八日）の上陸攻撃は、日本の最終的なポツダム宣言受諾後であり、連合国最高司令官に任命された米国マッカーサー元帥が、太平洋の全米軍に対して戦闘停止を命令し、太平洋における一切の攻撃が停止された（八月十五日正午）後に始められたのである。

ソ連はヤルタ協定によって、南樺太と千島列島（どの範囲を意味するかかならずしも明確でない）をソ連領土とすることについて米英の合意を得ていた。しかし、ソ連は米軍の進出がないことをさいわいに、日本固有の領土である南千島及び北海道に付属する歯舞群島、色丹島まで占領した。しかも、歯舞群島の占領は日本の正式降伏調印（九月二日）後に行われたものである。さらにソ連は、ヤルタ協定にもなかったソ連軍による北海道北半部の占領を要求し、八月十七日（受領は十八日）にトルーマン大統領が拒否したにもかかわらず、八月二十二日まで作戦準備を続けた後、ようやく断念したのである。本土分割の悲劇は危ういところで回避された。

　本書においては、まず一九四五年の最後の日ソ戦にいたる経緯を概観した後、樺太、千島を中心とする戦いと軍民の苦労、受難の実態を明らかにしたい。また、あの狂乱怒濤の中で、人々が何を考え、いかに行動したか、さらにそれはどんな意味があったのかにも触れてみたい。

　基本的な参考文献として使わせて頂いた防衛研修所戦史室『北東方面陸軍作戦〈2〉』（朝雲新聞社、一九七一年）、鈴木康生著・刊『樺太防衛の思い出 増補』（一九八九年）、木村汎『日露国境交渉史』（中公新書、一九九三年）、V・N・バグロフ『南樺太及び千島作戦―一九四五年八月』（軍事出版所、一九五九年）、B・N・スラヴィンスキー『ソ連の千島占領（一九四五年八―九月）』（ナウカ、一九九三年）はいずれも裨益されるところが極めて大きく、これらなくして本書はなりたたないものであり、深く感謝申し上げたい。そのほかにも多くの著書、論文を参考にさせて頂いており、主なものを巻末に掲記することしかできないが、併せて感謝の念を表する次第である。

一九九五年春　小原台にて

中山隆志

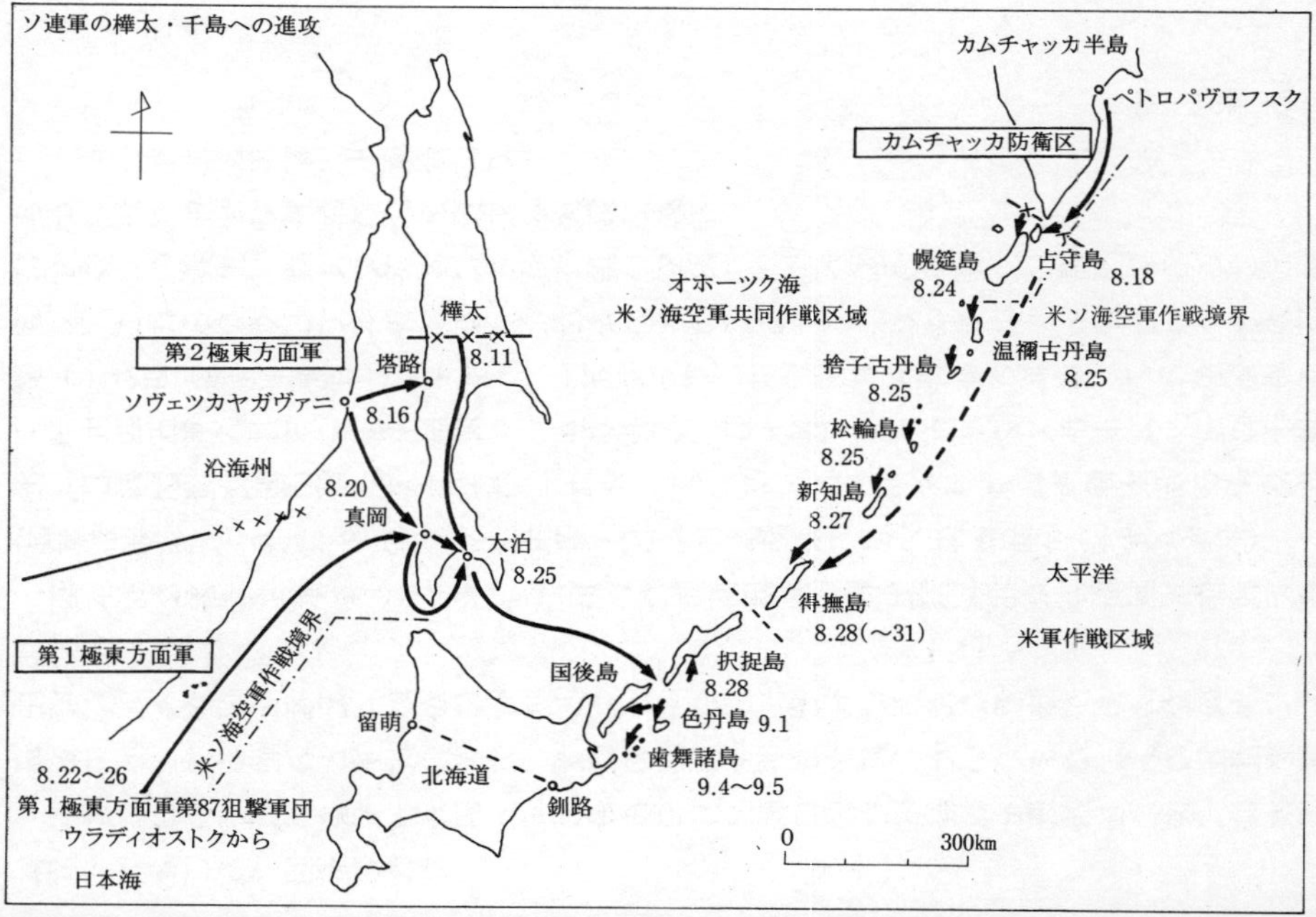

ソ連軍の樺太・千島への進攻

第一章　ソ連参戦にいたる日ソ関係とソ連の対日戦準備

スターリンの秘めたる参戦意志

建国直後のソ連は、政治的・経済的混乱を収拾するためもっぱら国内建設に努力を傾け、日ソ間に格別の問題は起こらなかった。一九二三年の帝国国防方針の改訂において、新生ソ連を本来の意味での想定敵国から外したように、対露（ソ）一辺倒といわれた日本陸軍の対ソ関心も、この時期極めて低調となる。

一九二四年、レーニン没後スターリンが権力を掌握したソ連は、一九二八年から第一次五カ年計画を開始して重工業中心に経済建設に着手するとともに、一九二九年には北部満州において帝政ロシア以来の権益の実力回収をはかった張学良軍を攻撃、撃破して利権を確保した。この時初めて外征作戦を行ったのは、そのために五コ師団をもって編成した特別極東軍で、この戦功によって赤旗特別極東軍の称号を得、これが後の極東方面軍に発展する。このころから、明らかにスターリンの目は外に向き始めたといってよい。

これをさらに強めたのが、一九三二年三月一日の満州国の建国と、一九三三年一月三十日のヒトラーの首相就任であろう。一九三三年から始めた第二次五カ年計画において、国防費（国防人民委員部のみ）は期間中に一四倍に増加し、軍需生産高は二・八倍以上に成長した。一九三一年の満州事変に際しては、中立不干渉政策をとることを言明し、不侵略条約の締結を提議し、さらに紛争の原因となるおそれのある北満鉄道（旧東支鉄道）の売却を申し出るなど、軍事的準備不十分を自覚したソ連は極めて慎重な態度をとった。しかし一九三四年末にはソ連陸軍兵力は九四万に達し、同時期における日本陸軍が約二三万、ドイツ陸軍は約二五万であったから、ソ連は日独合わせた兵力の二倍を既に持つにいたっていたのである。

かくして一九三五年七〜八月モスクワで開かれた第七回コミンテルン大会は、反ファシズム統一人民戦線結成を決議し、日独両国との対決姿勢を明らかにした。翌一九三六年一月十五日エム・エヌ・トハチェフスキー国防人民委員代理は中央執行委員会議において演説し、日独の脅威を強調し、東西両正面国防の同時充実をはかって、敵の侵略に対しては痛烈必勝の打撃をもってこたえるであろうと述べている。同年三月十二日には、明らかに日本を対象とするソ蒙相互援助協定を締結した。このような流れの中で、同年十一月二十五日に日独防共協定が締結される。これはコミンテルンの活動に対する防衛を主目的とするものであったが、これがまたソ連の疑惑・反感を生むという悪循環を繰り返すのである。

日本側の見積もりによれば、一九三五年における在満鮮日本軍五コ師団に対して極東ソ連軍は一四コ師団を数え、格差はさらに増大しつつあった。はたしてこのころから国境付近におけるソ連軍の行動が積極的となり、国境紛争が激増し、規模も拡大、激化した。そのピークをなしたものが、日中戦争（支那事変）中に起こった一九三八年の張鼓峰事件と翌一九三九年のノモンハン事件であった。

ところが、ノモンハン事件末期に欧州で火をふいた第二次世界大戦により、両国ともに国際情勢の激変に対応する必要があり、日ソ関係は小康状態となる。ソ連はこの間に、独ソ不可侵条約付属の秘密議定書に基づきポーランド東半、バルト三国、ルーマニアの一部、さらにフィンランドにまで手を伸ばして領土獲得に狂奔した。

一方、ドイツの北欧、西欧制覇によって、宗主国（の影響力）を失った東南アジア方面に対する南進論が日本国内で力を得つつあり、北方の顧慮をなくし、あるいは雄大な世界四大圏構想のための日ソ関係の調整が模索された。これがドイツの圧力を感じていたソ連の思惑と一致し、一九四一年四月十三日、日ソ中立条約が成立した。かつてソ連側が不侵略条約を提議したときには、日本はその時期にないとして拒絶したのであるが、今回は日本側が提議し、曲折の後成立したのである。

ここで注目すべきことは、一九四〇年十月三十日建川美次駐ソ大使が不可侵条約案を提議したのに対し、十一月十八日ヴェ・エム・モロトフ外相は、「ソ連世論は失地回復を伴わない不侵略条約を想像することはできない。ソ連が南樺太、千島等を問題とすることを日本側は適当と思考しないであろうから、この際は中立条約について交渉することが妥当である……」として中立条約案を反対提案したことである。ソ連世論なるものはソ連当局なかんずくイ・ヴェ・スターリン首相の意向と考えるのが妥当であって、この当時からスターリンらの頭の中に失地（南樺太、千島等）回復という考え方があった一つの表れとも見られよう。

一九四一年四月の日ソ中立条約成立後、独ソ戦にともなう関特演（関東軍特種演習の略称）による一時的緊張はあったが、日米開戦前後たびたび日ソ双方は中立条約の義務を順守することを相互に確認し、特にソ連が米国に基地を貸与するようなことはない旨も確認された。

しかしスターリンは十二月十二日、中国蒋介石の対日共同戦線樹立要請に対する書簡において「ソヴィエトは日本とたたかわねばならない。なぜなら必ずや日本は無条件に中立条約を破るであろうから……我々は対応する準備をしているが、準備には時間が必要である」とのべている。即ち中立条約順守は対日平穏が必要なための当面の方便であって、情勢によって対日戦に参加することは最初から既定のことであったとみてよい。ただし、このことは日本側にもあてはまるのであって、関特演はもちろん不信行為であるし、陸軍統帥部が一九四一年八月九日に対ソ武力行使企図を中止したのもあくまで年内のことであり、翌年春以降武力行使する場合に備えてその準備は相変わらず続けるのである。しかし、武力行使が可能な情勢が生まれたら必ず対ソ攻撃をしたか否かはまったくわからないことであり、歴史上の「イフ（if）」をもって日本人が自らを卑下したり自虐的になる必要はないというのが国際的な常識であろう。

参戦意志の明確化と参戦準備着手

日本の南進によって極東ソ連に対する日本の圧力が減少し、ソ連は極東から有力な兵力を西送して独ソ戦線に投入して、一九四一年におけるモスクワ前面の危機を救うことができた。しかし一九四二年、ドイツ軍は南部で再び大攻勢を開始し、ドン河を越えてスターリングラードに迫ろうとした。ソ連は米英両国に対してヨーロッパにおける第二戦線の開設を要求するが、英国は消極的で、米国の方が積極的であった。

一九四二年八月中旬、ウィンストン・S・チャーチル英国首相に同行した米国のウィリアム・A・ハリマン特使（米英間の武器貸与調整官、四三～四六年駐ソ大使）に対して、スターリンは「日本はロシアの歴史的な敵国であり……ソ連はいずれ参戦するであろう」と伝えた。これはアメリカの対日戦努力に対する感謝と同時に、第二戦線開設を含めて対ソ援助拡大を期待したものであろう。

このころ日本は、六月五日ミッドウェー海戦に大敗を喫し、米軍は八月七日にはガダルカナル島に反攻を開始した。早くも戦争の前途に暗雲が見え始めた日本では、独ソ和平（斡旋）問題が熱心に論議される一方、早くも九月には対ソ兵力たる関東軍から航空部隊と一部の地上部隊の抽出転用が開始される。

スターリンの先の対日参戦発言は、単なるリップサービスだけではなかったようである。一九四三年初め、ステッセル将軍の参謀であったスティパノルの『ポート・アーサー（旅順）』という大変愛国的な本が出版され、ベストセラーになったという。ドイツなどとの戦いではなく、中立条約締結相手国である日本との戦いが主題であるだけに、政治的な匂いを感じざるを得ない。さらに五月二十一日スターリンは、コムソモリスクと南樺太対岸のソヴィエツカヤ・ガヴァニを結ぶ鉄道を、一九四五年八月一日までに完成するよう命令しており、その目的は対日戦に備えた準備のほかには考えにくい。独ソ戦線においては、スターリングラードの勝利によってソ連側が有利に立ちつつあり、五月十二日、米軍がアッツ島に上陸して北東方面でも対日反攻に転じたことが、スターリンの対日参戦意志を現実化させたものと見てよいであろう。ソ連軍は、八月クルスクにおけるドイツ軍の攻撃を押し止めた後、大規模な反撃に転じ、以後独ソ戦線は完全に攻守ところをかえる。

日本国内ではひき続き独ソ和平問題が検討されており、九月十日佐藤尚武駐ソ大使が訓令に基づき、独ソ和平斡旋の使命を持つと推測できる特使派遣をソ連側に申し入れたが、九月十三日モロトフ外相は現在の事情の下では独ソ講和の可能性全くなしとしてこれを拒絶した。独ソ戦の戦況その他全般の情勢上、ソ連側が話に乗って来る可能性は極めて小さいといわざるを得まい。日本は日米開戦前の「対米英蘭蔣戦争終末促進ニ関スル腹案」に、ソ連に対しては当面の静謐《せいひつ》保持と同時に、将来の独ソ和平斡旋、ソ連を枢軸側に引き入れて場合によってはインド、イラン方面進出を助長するというアイデアを含めており、斡旋に乗り出す場合には実力を背景にする必要があると認識していた。

しかし、太平洋の戦いはしだいに我に利あらず、戦線を後退させて絶対国防圏をかため、敵の反攻を破砕する新しい戦争指導大綱が九月二十五日決定された。ここにおいても、独ソ和平の可能性は小さいけれども、ソ連と米英との関係は呉越同舟であって、情勢の推移によっては独ソ和平の希望台頭することなしとせずと見ていた。実力の背景がなくなっても、ソ連と米英との利害対立の利用という希望的観測にすがり、ソ連利用の考えを最後まで捨てきれなかったことになる。

スターリンは十月三十日、三国外相会議のためモスクワを訪れていたコーデル・ハル米国国務長官に対し、ドイツ降伏後ソ連は西側連合国の日本に対する戦争に参加すると初めて明確に通告した。それは会談最終日の晩餐会の席上、小さな声で周囲の誰にも聞こえないように、ハル長官に対し、同長官とフランクリン・D・ルーズヴェルト米国大統領だけに限って通告するという演出のもとに行われた。米国はソ連に対して対日参戦要請を繰り返していたので、ハルは感激し、ルーズヴェルトに与えた心理的効果は極めて大きかったものと想像できる。

十一月二十七日、カイロで会談していたルーズヴェルト、チャーチル、蔣介石三首脳は、日本国に関する英、米、華三国宣言（いわゆるカイロ宣言）を発表した。スターリンはこの会談に参加していなかったのに、この宣言は将来の対日戦に向かってスターリンを鼓舞する重大な内容を含んでいた。そもそもこの宣言は、自国のために何らの利得も欲求せず、領土拡張の何らの念をも有せずとしながら日本の領土処理を謳うという矛盾したものであるが、いかようにも解釈される極めてあいまいな表現を含んでいた。第一次世界大戦の開始以後に日本が奪取または占領した太平洋のいっさいの島嶼、日本が清国から奪ったいっさいの地域という表現は一応客観的に画定し得る。しかし、「日本国はまた暴力及び貪欲に依り日本国の略取したる他のいっさいの地域より駆逐せらるべし」という文章には何の限定も付されていないので、日本が敗戦した場合、その解釈は戦勝国の思うままに拡大し得る。推測ではあるが、してやったりと喜ぶスターリンの顔が目に浮かぶようである。南樺太はもとより、千島列島をも手に入れられる根拠を与えられたと考えても無茶な理解とはいえないであろう。

米英首脳はカイロからテヘランに直行し、ソ連首脳を加えた三国首脳会談が開かれた。会談冒頭の十一月二十八日、スターリンはドイツ降伏後ソ連が対日共同戦線に加わることを公式に表明し、その後の会議において対日参戦の代償についても示唆した。ルーズヴェルトがワシントンに帰ってすぐ太平洋戦争協議会に対して行った報告によると、テヘラン会談における感触に基づいたと思われるスターリンが考えている対日参戦の代償は、極東に不凍港の入手を望み、満州諸鉄道と大連港を使って貿易を行えるという趣旨で大連の自由港化に好意を寄せ、満州諸鉄道を中国の所有にすることに賛成し、南樺太の全部と千島列島全部の獲得を望むというものであった。

テヘラン会談におけるスターリンの対日参戦表明はもちろん厳重に秘密にされているし、日ソ中立条約の手前、カイロ宣言にも当然ソ連の名はないわけであり、日本はあい変わらずソ連への期待をつないでいる。重光葵外相は、日ソ中立条約以来の懸案であった北樺太利権問題の解決等によって日ソ間の平穏を保持することを重視し、長い困難な交渉努力の結果、漁業条約の延長と北樺太の利権譲渡に関する協定が一九四四年三月三十日モスクワにおいて調印された。

日ソ関係の一時的好転の機会を生かすべく、四月重光外相のメッセージをモロトフ外相に伝達した佐藤駐ソ大使は、重光外相の意図を体して婉曲に対ソ特使の派遣を申し入れたが、ソ連側は前年九月の日本側申し出当時の事態と別段変化がないとして拒否した。ソ連は、対日参戦の条件が整うまでの時間かせぎをしているに過ぎないのに、日本はソ連を米英連合国から引き離し、日独側に引き入れるというはかない望みを追い続けるのである。

正式参戦準備開始

一九四四年夏に、ソ連は対日参戦準備に正式に着手した。白ロシア作戦終了後の夏、スターリンはア・エム・ワシレフスキー参謀総長に対し、対日戦における極東ソ連軍の指揮を委任する旨内示し、それまで防勢をとっていた極東ソ連軍は攻勢準備に切り替えられた。さらにスターリンは九月参謀本部に対して極東への部隊の集結及び補給の見積もりを命じた。

十月チャーチル首相らの訪ソの機会に、ウィリアム・A・ハリマン米国大使（一九四三年以降）とジョン・R・ディーン中将（米国の駐ソ軍事使節団長）は、米国統合参謀長会議

（ＪＣＳ）の対日戦略計画の広範な概要を述べた。その中でソ連の参戦には、対日戦略爆撃の支援とか大陸と日本の連絡線遮断のような補助的な役割が主として考えられ、低い優先順位で満州にある日本軍の撃滅、南樺太の占領が含まれていたが、千島には全く触れなかった。一方スターリンは、十月十五日の会議で質問に答えて、米国が対日戦に必要な補給物資の集積を援助し、かつ参戦にかかわる政治的局面を明らかにするという条件が満足されれば、ドイツ敗北後三カ月で対日参戦すると、初めて参戦時期を明らかにした。

太平洋戦線においては、五月に発動した日本海軍の「あ号作戦」は失敗し、七月には絶対国防圏の要であったサイパン島などを失った。日本はやむなく本年後期米軍主力の進攻に対して決戦せざるを得ず、同月「捷号作戦」準備に移行し、翌八月戦争指導においてもドイツの勝利に期待するこれまでの長期戦構想から、太平洋正面における対米決戦主軸に根本的大転換を行った。

この戦争指導構想における対外施策の第一は対ソ施策であり、それはあい変わらずソ連の中立維持と独ソ和平であった。そのため速やかに対ソ特使を派遣することと、交渉のための譲歩条件が検討された。領土条件だけを挙げると、陸軍省部（陸軍省と参謀本部）主務者案では南樺太の譲渡、外務省案ではその上に北千島譲渡を加えた一層大胆な譲歩案が検討された。日本は、それほど切羽詰まった状況に追い込まれつつあったわけである。この譲歩条件については最高戦争指導会議で結論が出ず、またソ連側が特使派遣を受け入れなかったので提示する段階にはいたらなかった。

すなわち訓電に基づき佐藤大使は九月十六日モロトフ外相に特使派遣の趣旨を申し入れたが、同外相は両国間には正常の手続きで解決できる日常問題のほか格別の重要問題なく、また特使派遣は国内外において特殊の意味をもって解釈されるおそれがあるとの理由で、即座に拒否した。その直後スターリンは、前述のとおり、チャーチルらにソ連軍の対日参戦の時期を明らかにしており、さらに十一月六日革命記念日前夜、日本をあからさまに「侵略国」として非難する演説を行った。連合国間の秘密はわからないにしても、日本としてはソ連に対して期待を抱き得ないことに気付くべきであり、そのような最悪の事態に対する研究をこそ進める必要があったのである。

十二月十四日、スターリンはハリマン大使に対して、先に述べた政治的局面すなわち対日参戦の代償の内容を明確に伝えた。

> 極東におけるソ連の地位は、一九〇五年の日露戦争以前にあったようにおおむね再び確立されるべきである。南樺太は返還されるべきであり、またソ連の太平洋への出口を防護するため千島列島も返還されるべきである。大連及び旅順を租借し、旧東支鉄道及び南満州鉄道の租借権も望む。中国の満州に対する主権は妨害しないが、外蒙古の現状の承認を

求める。

ルーズヴェルトがテヘランで得た感触よりも、その内容は明らかに拡大している。

一九四五年二月四日から始まったヤルタ会談において、スターリンはルーズヴェルトと側近だけの会談において、対日参戦のための政治的条件について討議するよう申し出、ハリマン大使に示した条件が認められないと、ソ連がなぜ日本との戦争に加入しなければならないかを国民に説明するのが困難であると述べた。スターリンは「私は日本がわが国から奪ったものを返還してもらうことだけを願っているのです」と訴えた。千島に関して明らかに事実と違うのであるが、ルーズヴェルトの関心は、極東では米軍の対日戦争計画、欧州問題や国際連合等の戦後問題で占められており、死期が近づき憔悴していたルーズヴェルトは、中国との関係の手配等に関心を払っただけで、大した論議もせずにスターリンの要求を容れたのである。チャーチルも米ソ間で合意された文書に署名し、三国の協定となった。

ヤルタ会談中に行われた軍事指導者らの会談において、米国側の質問に対してソ連側は南樺太占領は最初の作戦の一つになろうと答えている。米国側はここでも千島には触れなかった。三月にアーネスト・J・キング海軍作戦部長がJCSに行った勧告にあるように、米軍自身による千島攻略をふくむ諸作戦が検討されていたためであろう。

二月十一日署名を終えたいわゆるヤルタ協定は秘密協定であって、戦後も秘密にされていたが、冷戦の進行にともない一九四六年二月十一日米国国務省から発表された。樺太、千島の運命に重大な影響を与えた協定なので、次にその翻訳文の全文を掲げる。

ヤルタ協定

三大国即ちソヴィエト連邦、アメリカ合衆国及び連合王国（英国）の指導者は、ドイツ国が降伏し、且つヨーロッパにおける戦争が終結したる後二月又は三月を経て、ソヴィエト連邦が次の条件により連合国に与して日本に対する戦争に参加すべきことを協定せり。

一、外蒙古（蒙古人民共和国）の現状は維持せらるべし。

二、一九〇四年の日本の背信的攻撃により侵害せられたるロシア国の旧権利は次のごとく回復せらるべし。

(イ)樺太の南部及びこれに隣接するいっさいの島嶼はソヴィエト連邦に返還せらるべし。

(ロ)大連商港におけるソヴィエト連邦の優先的利益はこれを擁護し、該港は国際化せらるべく、またソヴィエト社会主義共和国連邦の海軍基地としての旅順口の租借権は回復せらるべし。

（ハ）東清鉄道及び大連に出口を供与する南満州鉄道は中ソ合弁会社の設立により共同に運営せらるべし。ただしソヴィエト連邦の優先的利益は保障せられ、また中華民国は満州における完全なる主権を保有するものとす。

三、千島列島はソヴィエト連邦に引渡さるべし。

前記の外蒙古並びに港湾及び鉄道に関する協定は蔣介石総統の同意を要するものとす。

大統領はスターリン元帥よりの通知によりこの同意を得るため措置をとるものとす。

三大国の首班はソヴィエト連邦のこの要求が日本国の敗北したる後において確実に満足せしめらるべきことを協定せり。

ソヴィエト連邦は中華民国を日本国の羈絆《きはん》より解放する目的をもって自己の軍隊によりこれに援助を与うるため、ソヴィエト社会主義共和国連邦と中華民国間の友好同盟条約を中華民国政府と締結する用意あることを表明す。

一九四五年二月十一日

イ・ヴェ・スターリン

フランクリン・D・ルーズヴェルト

ウインストン・S・チャーチル

ここで注目すべきことは、樺太南部等は返還、千島列島は引渡しと明確に区別されていることであって、両地域の領土権の性質の相違についての認識があったことを示している。

そのころ日本では、二月二十二日に決定された世界情勢判断では、「ソ連は本春中立条約の破棄を通告する公算相当大であるが依然対日中立関係を維持するであろう」と未だ楽観的判断をしている。さらに参謀本部第二十（戦争指導）班が三月十七日にまとめた東アジアに関するソ連の動向判断は、「ソ連は極力戦争を長期化させて日英米を衰耗させ、最後に自己の発言によって終戦に導入しようとする公算大であり、その場合戦後の主導権をめぐって米英ソの角逐が激化することが確実で、対ソ交渉に一脈の光明を発見し得る」としている。このような希望的観測に基づく思考が、最後までソ連に対する期待をつながせることになる。

四月五日モスクワにおいて、モロトフ外相が佐藤大使に対して日ソ中立条約を翌年四月の期限満了後延長しない旨通告した。ソ連が中立条約をこの時点で破棄したというのは間違いで、不延長の通告にかかわらず、条約の規定によって一九四六年四月まで有効だったのである。通告したモロトフも、佐藤大使の質問に対してこのことを確認している。日本では四月八日、本土決戦のための「決号作戦準備要綱」が示達された。ソ連の参戦防止は本土決戦の準備と遂行のためにも是非とも必要であった。

ソ連の本格的参戦準備と日本の終戦努力

後にソ連第一極東方面軍司令官となるカ・ア・メレツコフ元帥は、極秘のうちに四月十三日極東に到着し、現地における対日戦準備を推進した。四月末に参謀本部は対日戦の最終的戦略計画の作成を命じられた。日本本土への直接進攻も検討したが、本土には陸軍部隊の主力と強力な海軍と航空部隊もいるので本土攻撃は連合軍の将来の行動に委ね、陸軍部隊がより集中している満州の関東軍を撃滅することによって、日本国家の抵抗を崩壊させることにしたというのが、公式的な判断とされている。

ルーズヴェルト死後の連帯のため、五月下旬に訪ソしたハリー・L・ホプキンス特使に対して、スターリンは次のような意図を示した。ソ連陸軍は八月八日までに満州の作戦開始地域に展開する。また日本の占領に参加することを期待し、占領地域について米英と合意したいといった。スターリンの欲求はヤルタ協定時よりもさらにふくらんでいる。

五月から極東に対する兵力・資材の本格的輸送が開始され、極東ソ連軍は開戦までに約三〇コ師団相当の兵力・資材を増加し、合計地上八〇コ師団と四〇コ戦車・機械化旅団、航空三二コ師団基幹に達するのである。この間六月二十七日には、極東ソ連軍主力をもって満州に進攻して関東軍を撃滅する対日戦略基本構想が完成し、攻勢開始は八月二十〜二十五日と予定された。この際、北海道上陸作戦が提案され、エヌ・エス・フルシチョフが賛成したが多くの反対があり、スターリンの質問に対して陸軍の重鎮ゲ・カ・ジューコフ元帥は、大砲、戦車その他の兵器を装備した闘志あふれる四コ軍が必要になるだろうと答え、スターリンは結論を出さなかった。

日本では五月十一〜十四日、はじめて開かれた最高戦争指導会議の構成員（首相、外相、陸相、海相、参謀総長、軍令部総長）のみによる会合において、対ソ交渉に関して、①対日参戦の防止、②好意的中立の獲得、③戦争終結に関して我が方に有利な仲介をさせることの三点と、そのためにソ連に与える代償について合意した。代償案は、①南樺太の返還、②ソ連沿岸の漁業権の解消、③津軽海峡の開放、④北満鉄道の譲渡、⑤内蒙におけるソ連の勢力範囲、⑥旅順、大連の租借、⑦場合によっては千島北半の譲渡を含む大胆なものであった。しかし肝心の米英との和平条件について合意できず、当面の対ソ交渉においては和平仲介問題を除き、参戦防止と好意的中立獲得に目標を限定することになった。

天皇は六月二十二日最高戦争指導会議構成員のみをお召しになり、本土決戦準備とは別に、なるべく速やかに戦争を終結することに努力を望む旨を示され、さらに七月七日対ソ特使の派遣についても、総理にご沙汰があった。終戦の促進については、明らかに天皇がリーダーシップを発揮されつつあった。政府は十三日近衛文麿特使の派遣をソ連に申し入れたが、ベルリン（ポツダム会議）に出発のため多忙を理由にソ連側は回答を引き延ばし、十八日にいたり先の日本側申し入れが具体的提議を含まず、近衛特使の使命も不明なのでなんら確たる回答をなし得ずとの書簡を佐藤大使に送付した。

この間、天皇から直接対ソ特使に立つよう意向を示された近衛は、軍事的見識等の必要から酒井鎬次陸軍中将にソ連の仲介に関する和平交渉要綱の立案を依頼した。近衛、酒井両名とも、ソ連に対する不信の念が強く、ソ連の仲介による和平は困難と考えたが、天皇の終戦に対する真情、心労のご様子に打たれて引き受けたのである。この交渉要綱の中には、国体の護持は絶対だが、国土はやむを得なければ固有本土で満足する（最下限は沖縄、小笠原、樺太を捨て、千島南半部を保有する程度）。その他行政・司法、軍備に関する条件のほかに、賠償として一部の労力提供（やむを得なければ若年次兵を現地に残留させ一時労役に服す）も考えられていた。

外相の訓電に基づき、佐藤大使は二十五日「ソ連政府の尽力により戦争を終結せしむるよう斡旋を依頼する」という特使派遣の趣旨を申し入れた。翌二十六日にポツダム宣言が発表されたが、日本としては同宣言に名を連ねていないソ連による和平仲介になお望みをつないだ。ポツダム宣言は、カイロ宣言に含まれた無条件降伏要求ではなく、明らかに条件付降伏要求であった。しかし、領土条項において、「カイロ宣言の条項は履行せらるべく、又日本国の主権は本州、北海道、九州及び四国並びに吾等の決定する諸小島に局限せらるべし」とあり、樺太、千島のみならず、沖縄、小笠原等も保障されていなかった。

ポツダム会談に臨んだ米国代表らにとって、もはやソ連に対日参戦を促すということは問題ではなかった。ヤルタ会談以降、米国の指導者達の間には、ソ連の対日参戦はまったく重要不可欠ではないという確信ができ上がっていた。唯一の問題は、ソ連がいつ対日参戦するかであった。七月二十四日に開かれた三国軍事会議の冒頭に、ア・イ・アントノフ・ソ連参謀総長は、ソ連地上軍は八月後半に作戦を開始する用意ができるであろうと述べ、質問に対して樺太南部進攻は第二次作戦になると答えたが、千島については態度を明らかにしなかった。

七月二十六日の軍事会議において、米ソ海軍及び航空部隊の作戦区域の協議が行われた。米国側が提案した広範な米軍作戦区域のほとんどをソ連側は受け入れ、米空軍作戦区域から内蒙古を除くこと、ベーリング海とオホーツク海を米ソ海空軍共同作戦区域とし、千島では温禰《オネ》古丹《コタン》海峡を米ソ海空軍作戦境界とすることで合意した。米軍は、アッツ島奪回直後（一九四三年七月）から千島に対する攻撃を開始し、空襲、潜水艦による船団攻撃や陸地に対する浮上砲撃、一九四五年に入ると艦隊がたびたび北・中千島に接近して艦砲射撃を行い、七月には潜水艦がオホーツク海に侵入して国後島北岸、南樺太東・南岸各地を浮上砲撃しており、ソ連が千島方面を独占的作戦区域にできるような状況ではなかったのである。

ソ連の対日参戦の期日は、既述のとおり八月二十～二十五日と予定されていたところ、七月十六日スターリンは、ポツダムについたその日、チタの極東ソ連軍総司令部のワシレフスキー総司令官に電話を入れ、作戦開始を一〇日ほど早められないかと尋ねた。ワシレフスキーは、軍隊の集結と軍需品の集積を必要最小限のものに限っても完了は無理なので、期日はそのままにして欲しいと頼んだ。実は米国時間同日朝、米国はロス・アラモスにおいて世界最初の原爆実験に成功していた。スターリンがこれを知って対日戦開始の繰り上げを考えたという証拠はないが、それは明確に関連したものであることが明らかになったと、ワシレフスキーが後になって記した記事もある。

ポツダム会談中の七月二十四日になって初めて、ハリー・S・トルーマン米国大統領はスターリンに対して、米国が大きな破壊力を持った新しい兵器を手に入れたと簡単に伝えた。スターリンは何の感情も顔に出さなかったが、会議から帰るとすぐ、モロトフとの会話で、「われわれの方でも仕事の促進についてクルチャートフ（ソ連における原子物理学の権威）と話し合う必要があるだろう」と話している。スターリンは十分に理解し、だからこそ、対日参戦時機を繰り上げようしていたのである。

ソ連最高総司令部は、七月二十八日各方面軍及び艦隊に正式に任務を付与した。満州正面に対しては明確に攻撃任務が与えられたのに対して、樺太正面とカムチャツカ地区の部隊と艦隊には防御任務と、それぞれ南樺太への攻撃準備と千島に対する上陸部隊の揚陸準備の任務が与えられている。攻撃開始日時はまだ全く示されていない。

七月二十九日、スターリンは身体の具合が悪いということで、モロトフを通じて、「ソ連が対日戦争に入って行く一番よい方法は、米英その他極東の戦争に従事している国々からソ連に対して正式の対日参戦の要請を出してもらうことである……」と、対日参戦名目としての関係国の正式要請を要求した。この提案の中に、勝利をもたらすためソ連の参戦が決定的要素であるようにみせる駆け引きをみてとって、トルーマンも随員らも快く思わなかった。これだけではないが、ポツダムで初めてスターリンその他のソ連代表と会って、ソ連は無情な取引者であって、常にあらゆる便益を自己の方にだけ図るものであるという苦い経験を得たトルーマンは、ソ連には日本の管理に参加させない決意を固めた。これは、ドイツが受けた厳しい体験に比べ、日本にとって幸いなことであった。しかしヤルタにおける約束の手前もあり、七月三十一日トルーマンからスターリン宛に要旨次のような書簡を送った。

「一九四三年十月三十日のモスクワ宣言では、法と秩序が回復し一般的安全保障制度が創設されるまで、平和と安全を維持するために、米英ソ三国は相互に協議を遂げ、国際社会のために共同動作をとることになっている。まだ批准はされていないが、国際連合憲章でも……憲章による義務と他の国際協定の義務が矛盾する場合は憲章に基づく義務が優先する。……ソ連は国家共同体の利益のために、平和と安全維持の目的をもって共同行動をとることにつき、目下日本と戦争遂行中の他の大国と協議し、また協調することを表示することが妥当であると考えられる」。

まことに婉曲な表現ではあるが、ともかくソ連はこれによって対日参戦の大義名分を与えられたのである。

その後に奇妙なことがある。八月三日にワシレフスキーから、モスクワに帰還したスターリンに電話が入り、対日作戦開始時期を八月九～十日より遅らせないよう意見具申があったという参謀本部側の資料があるが、ワシレフスキーの回想には出て来ない。日本時間六日午前八時十五分に広島に原爆第一号が投下されたこととどうからんでいるか、謎を残している。ともかく七日午後四時三十分、ソ連最高総司令部は極東ソ連軍に対し、八月九日朝の作戦行動開始（地上部隊は満ソ国境通過）を命令したのである。

八月八日午後五時モスクワにおいて、モロトフ外相は佐藤大使を招致し、近衛特使に関する回答を期待して往訪した同大使に対して宣戦を通告した。モスクワ時間午後五時は現地（日本、満州）時間午後十一時で、ソ連軍の攻撃開始一時間前であった。大使が日本政府に対するこの宣言伝達の方法を質問すると、モロトフは東京向け発電には支障ないと答えたが、これに関する公電は東京には到着しなかった。九日午前零時ころから完全無警告の奇襲攻撃が、未だ有効な中立条約締結相手国に向かって開始された。マリク駐日大使が正式に東郷茂徳外相に開戦の宣言を伝達したのは、一日半経過した十日午前十一時過ぎであった。

スターリンは、日本が和平仲介を必死に求めていることを明確に知りながら、中立条約違反を認識する故に米国の参戦要請をとりつけ、事実上無警告の攻撃を加えたのである。モロトフ外相はハリマン米国大使に対して、「ソ連は八月中旬までは対日行動はとれないと予想されていたが、ドイツの敗北から三カ月後には太平洋戦争に参加するといった約束を厳格に守って、無理をしてここに参戦を決意した……」と述べているが、諸情勢によって日本の降伏が近いと判断し、戦後処理を有利にするため、直前に予定を繰り上げて急ぎ参戦したことは、以上の経緯から明白である。日本の和平仲介依頼の特使を受け入れられなかったことは残念であるが、屈辱的な和平条件を開示するに至らなかったという点では、不幸中の幸いであったともいえよう。

中央軍道。大正９年に修築された軍道は栄浜—知取—内路—古屯から国境に至る約344㎞、幅５～６メートルの馬車道であり、樺太を縦貫する最重要の交通路であった

北部樺太、東海岸の中心地、敷香の町並み

国境の安別。国境から南を展望。
日本最北の測候所があった

恵須取—敷香道の難所、白雲峡

北部樺太、西海岸の中心地、恵須取の浜市街

南部樺太、西海岸の真岡にあった製紙工場

南部樺太、東海岸の栄浜東側、内淵川の樺太鉄道橋梁

樺太南端、大泊港。11月末から3月中旬まで結氷する

豊原—真岡鉄道の難所、昭和２年に開通したループ線

樺太の中心部、豊原市街の空中写真

第二章　樺太、千島方面の日本の防衛準備

前史――第二次世界大戦前

若狭国後瀬山城主武田信賢の子信広は、一四五四年蝦夷島（北海道）に渡り、北海道南部の和人小領主を統一した蠣崎《かきざき》氏を継ぎ、後の松前氏の祖となったといわれる。五代慶広は一五九〇年豊臣秀吉に臣従、九三年蝦夷交易独占の朱印状を与えられた。九九年松前氏と改姓し、一六〇四年徳川家康からも蝦夷交易独占の黒印状を与えられ、松前藩の地位を確立した。一六四四年幕府が全国の国絵図を作るために下した命令によって、松前藩から提出された地図は、アイヌなどからの聞き書きが多く不正確ではあったが、樺太と千島列島が描かれた最初の地図であった。これを基にして作製した「正保御国絵図」の一部として、今に残っている。

ロシア人による日本北方の地域に対する探検はまず千島に向かい、イワン・コズィレフスキーらによって、一七一一年に初めて開始された。コズィレフスキーはカムチャツカ遠征隊のコサックの首領の一人であり、反乱を起し上官を殺害したため、その贖罪のため手

柄を立てようとしたものといわれる。いずれも現地出先レベルの探検がカムチャツカ側から南下する形で行われ、非公式に日露両国民が接触し始めることになった。

一七八〇年代の日本においては、仙台藩工藤平助の『赤蝦夷風説考』、同じ仙台藩林子平の『三国通覧図説』、『海国兵談』などが出て、北方から接近してくるロシアが強く意識された。幕府は一七八五年、山口鉄五郎らの千島、樺太等北地巡見派遣（初の公式探検隊といえる）を行い、このうち最上徳内は国後《クナシリ》、択捉《エトロフ》、得撫《ウルップ》島を調査して一七九〇年「蝦夷風俗人情之沙汰付図」を作製した。一方ロシアのエカテリーナ女帝は、日本との交易を求めるため、たまたま漂着した大黒屋光太夫を日本に送り届ける口実で、最初の公式使節ともいえるアダム・ラクスマンの使節団を日本に派遣した。ラクスマンは一七九二年根室に到着したが、幕府はわが国法を説明し、交渉・交易に応じなかった。

ラクスマンの来航は日本国内に大きな反響を呼び、一七九八年近藤重蔵は最上徳内らと国後島に行き、さらに択捉島にわたり、「大日本恵土呂府《エトロフ》」という標柱を建てた。幕府は一七九九年以降、従来松前藩に一任していた東蝦夷（道東、千島）を幕府の直轄に移す処置をとり、南部・津軽両藩に蝦夷地警衛を命じ、両藩は計約千名を国後、択捉島を中心に配置し、道東及びいわゆる北方四島地域の実効支配態勢を確立した。

ロシア皇帝アレクサンドル一世は、ニコライ・レザノフに親書を持たせ、名実共に公式使節として日本に派遣した。一八〇四年レザノフは長崎に入港したが、幕府の与えた処遇は外交上非礼なもので、かたくなに交易を拒否された。憤慨したレザノフは、日本を動かすためには強圧手段が必要と考えて皇帝に訴え、その裁可を得ないうちに部下に樺太と千島の日本人襲撃を命じた。レザノフの部下のフヴォストフ大尉とダヴィドフ少尉は一八〇六年樺太の久春古丹《クシュンコタン》を、一八〇七年には択捉島の番屋と集落を襲って略奪、放火を行い、さらに箱館を砲撃、利尻島付近で日本船を襲い、利尻番屋にも放火した。

この襲撃事件は日本人に衝撃を与え、対露警戒心を一挙に強めさせた。幕府は一八〇七年蝦夷本島（北海道）、千島、北蝦夷（樺太）の全部を直轄とし、従来の南部、津軽両藩に加えて会津、仙台両藩にも出兵を命じ警備を強化した。翌一八〇八年には間宮林蔵、松田十郎らを派遣して樺太を探検させ、間宮は樺太西岸及び大陸黒竜江河口地域まで至り、樺太が海峡により大陸からへだてられた島であることを世界最初に確認した（知識としては、既に一五〇年以上前の「正保御国絵図」において、樺太は独立した島として描かれていた）。

千島方面の測量を命じられたヴァシリー・ゴロヴニンが一八一一年国後島に上陸したところ、駐屯する南部藩士に捕らえられ松前に幽閉された。ロシア側は択捉から松前に向かう日本船を襲い、捕らえた高田屋嘉兵衛との交換釈放を図った。幸い双方関係者の冷静な態度によって、ロシア側が先の樺太・千島襲撃事件がロシア政府の意志と無関係に行われたとの証明を提出して事件は円満に解決した。この後しばらくの間、ロシアはナポレオン戦争に力を奪われ、東方への進出努力はハワイ、カリフォルニア方向に向かい、日本との接触も少なく平穏な時期となった。幕府は財政難を訴える南部、津軽両藩の負担軽減のため、一八一四年松前、箱館を除く地区から撤兵し、一八二一年には蝦夷地を幕府直轄から再び松前藩に委任した。

ロシアは米英両国が千島方面に関心を示しはじめたことへの対策として、一八二一年アレクサンドル一世は勅令を出し、千島方面を含むロシアの領土の範囲を明示し、外国船の立ち入り禁止を宣言した。このうち千島については、ベーリング海峡から始まって得撫島南岬北緯四五度五〇分に至るまでと明示しており、択捉島以南を日本が実効支配していることを明瞭に認めているものといえる。

一八四七年ニコライ・ムラヴィヨフが東部シベリア総督となり、海軍士官ゲンナージ・ネヴェリスコイを支援して、樺太方面を探検させた。ネヴェリスコイは、一八四九年樺太及び黒竜江河口付近の探検を行って樺太が島であることを確認し、翌一八五〇年黒竜江岸（現在のニコライエフスク）にロシア国旗を掲げ、朝鮮国境までの沿岸及び樺太をロシア領と宣言した。ロシア政府は外国との紛糾を恐れて、これはネヴェリスコイの独断行為であるとして処罰しようとしたが、皇帝ニコライ一世は政府の決定を否認し、逆にネヴェリスコイを賞揚して「一度露国国旗を掲揚せる所においてはこれを降ろすべからず」という有名な宣言を行った。ムラヴィヨフの請願もあって一八五三年樺太占領に関する勅命が下り、ムラヴィヨフ及び露米会社は軍隊と会社職員を樺太南岸、西岸、北樺太にも派遣して数カ所を占領した。

ニコライ一世は、米国が艦隊を日本に派遣するとの情報を知り、急遽エフフィーミー・プチャーチン海軍中将の使節団を日本及び中国に派遣することに決定した。プチャーチンは小笠原でカムチャツカから来た三艦を加えて四隻の艦隊を編成し、樺太侵入と同じ一八五三年の八月二十二日長崎に入港した。米国ペリー提督の浦賀到着の約一カ月後であった。最近（一九九二年）、プチャーチンが途中小笠原においてニコライ一世から受領した、追加訓令の存在及びその内容が明らかにされた。それには千島の帰属に関して、「ロシアに属する最南端はウルップ島であり、同島をロシア領の南方における終点と述べて構わない。これにより（今日既に事実上そうであるように）我が方は同島の南端が日本との国境となり、日本側は択捉島の北端が国境となる」と示されていた。

長崎から下田に場所を替えて交渉を繰り返した結果、一八五五年二月七日、日露両全権は日露和親通好条約（下田条約）に調印した。その領土規定たる第二条は、千島については択捉島と得撫《ウルップ》島の間を国境とし、樺太については「日本国と魯西亜《ロシア》国との間に於て界を分たす是迄仕来の通たるへし」と定めた。

ところがロシア海軍は一八六一年対馬に軍艦を派遣し、兵員を上陸させ基地建設のための土地貸与を要求した。これは出先の暴走であったが、日本側は拒否、抗議し、英国の強硬な抗議によってようやく退去した。以後幕府は北海道の警備に努め、特に箱館付近の防備のため砲台を築き、その中枢として一八六四年五稜廓を構築した。警備を命じられた盛岡藩その他もその駐屯地に陣地を構築した。

下田条約において樺太の境界問題が日露双方妥協に達せず、曖昧なまま残されたのは大きな問題であった。一八六二年幕府は使節をロシアに派遣したが不調に終わった。下田条約締結にあたっての協議及び英仏の脅威によって一旦南樺太から退去したロシア軍隊及び移住民は、一八六五年再び進出しさらに南下の勢いを示した。幕府は再び箱館奉行らをロシアに派遣し、北緯五〇度あるいは四八度の分界を主張したがロシア側は同意しなかった。やむなく樺太全島は日露両国の領有とし、両国民の居住の自由を認めた「『カラフト』島規則書」に調印した。

一八六二年現在で、幕府はおおむね北緯四九度以南の南樺太に五カ所の勤番所を置き、各勤番所はそれぞれ数カ所の詰所を置いて警備の実は上がっていた。しかし規則書の調印はロシア軍のさらなる南下に道を開き、双方が軍及び住民を送り込んで既成事実化を図った。優勢なロシア側は樺太南端亜庭《アニワ》湾岸各所にまで兵営、住家を建て、一八六九（明治二）年には亜庭湾岸だけでもロシア軍民併せて千名となり、日本側はしだいに不利な情勢となった。

明治二年日本新政府は蝦夷地を北海道、北蝦夷を樺太と改称した。新政府の中には、樺太の開拓、経営の重要性を説く者もあったが、日露雑居の現況から樺太開発は困難で、内外の事情からロシアとの紛争を避けるため、樺太を捨て全力を北海道の開拓につくすべしとする、黒田清隆北海道開拓次官らの意見がしだいに力を増した。政府においては台湾事件、征韓論等があり、また財政の緊迫などの国内事情もあり、黒田の献策を入れ、樺太の紛争を根絶して北辺の安全を期するため、一八七五（明治八）年五月七日「樺太千島交換条約」（サンクト・ペテルブルク条約）を締結した。これにより、樺太全島はロシアが、全千島列島は日本が領有することになった。

北海道の防衛については、一八七四（明治七）年屯田兵制度が設けられ、日清戦争後の一八九六（明治二十九）年ようやく第七師団が新設された。要塞建設については、一八九一（明治二十四）年函館、室蘭、小樽が防備施設の地として指定されたが、明治年間にはそのうち函館要塞だけ工事が行われた。樺太千島交換条約によって、日本は全千島列島を領有することになったが、何ら防備を行わず、密猟船が横行するので一八八四（明治十七）

年には北千島を無人化した。大正に入り南千島の人口は急増し、中部千島においても漁業が盛んになったが、相変わらず防備皆無であった。

日露戦争の結果、一九〇五（明治三十八）年九月五日調印されたポーツマス講和条約によって、日本は北緯五〇度以南の南樺太を獲得し、九月十六日樺太守備隊司令官（第七師団隷下）が任命されて軍政がしかれた。一九〇七年内務省所管の樺太庁が置かれ、長官が樺太守備隊司令官を兼摂した。この守備隊も一九一三（大正二）年廃止された。第一次世界大戦におけるシベリア出兵に伴う尼港（ニコライエフスク）事件（一九二〇〈大正九〉年）解決のため、日本は北樺太を保障占領したが、石炭・石油利権の見返りを得て一九二五年全面撤兵した。

その後も第二次世界大戦勃発ころまで、樺太の防衛は僅かな警察隊（機関銃八、軽機関銃一〇、歩兵銃一四二）に任され、補強として在郷軍人をもって臨時編成する後備歩兵一中隊等が充てられただけであった。ソ連側の北樺太における兵力増強に対抗して、一九三九（昭和十四）年五月十一日樺太混成旅団の新設が発令され、歩兵聯隊、山砲兵聯隊、工兵隊各一基幹の約四千名が同年末頃から逐次に進出した。防衛担任については、内路《ナイロ》―恵《エ》須取《ストル》以北の国境に近い地域を樺太混成旅団、その他は旭川の第七師団と規定された。

第二次世界大戦開戦ころからアッツ島失陥前後まで

北千島（幌筵《パラムシル》）要塞は一九三六年に計画、一九四〇年に建設され、要塞司令部の一部だけが同年進出した。海軍は一九三七年以降幌筵、松輪《マツワ》、天寧《テンネイ》（択捉）、敷香《シスカ》（樺太）の飛行場を逐次整備した。一九四〇年十二月二日北部軍司令部が新設され、旭川・弘前両師管を管区として所在部隊と要塞を統率することになった。昭和十五（一九四〇）年度帝国陸軍作戦計画の対ソ作戦計画中、北東方面に関する作戦は、「約一コ師団弱をもってなるべく速やかに北樺太を占領し、またなし得れば臨機に定める兵団をもってカムチャツカの要地を占領し、情況によりさらに樺太対岸方面に作戦することあり」というものであった。従って、北部軍の関心は主として攻勢作戦に向けられることになる。

独ソ開戦（一九四一年六月二十二日）に伴う関特演（関東軍特種演習）の主体は満州の関東軍であったが、北東方面においても北樺太作戦準備が着手され、七月十六日樺太混成旅団が動員された。しかし第七師団は北樺太予定兵力として北海道に控置され、作戦研究は行ったが動員されなかった。その後、年内対ソ武力行使の企図断念に伴い、大本営は北部軍に対し八月十八日「樺太の国境守備のため樺太に駐屯する部隊以外を用いるのは命令による」という兵力の使用制限を命令した。北千島要塞は六月から九月にかけて補強工事が行われ、要塞重砲兵隊と要塞歩兵隊が初めて編成・配置され、実質的要塞になった。海軍においても七月二十五日、北東方面に作戦すべき第五艦隊を新たに編成した。陸海軍の防空部隊も、逐次編成配置された。

日米関係の緊迫にともない、十一月六日北千島要塞の本戦備、宗谷・津軽要塞の準戦備が下令された。十二月二日、対米開戦日決定と同時に防空実施が下令されたが、ソ連への刺激を避けるため北部軍管区は除かれた。開戦に当たっても北部軍には特に指示はなく、北部軍は独自に敵飛行機、艦船の撃滅を命令した。北部軍に対する正式の防空下令は、北部軍の要望によって翌年三月に行われた。

北部軍は、一九四二年早々参謀総長から北樺太攻略作戦計画の提出を命じられ、研究に没頭する。四月十八日東京方面等に対するドーリットル空襲があり、計画中のミッドウェー及びアリューシャン作戦の価値が高く評価されて実施が促進され、かつ陸軍も参加することになった。このための兵力はいずれも北部軍から出すことになり、五月五日ミッドウェー攻略には第七師団の歩兵第二十八聯隊基幹の一木支隊、アリューシャン攻略には、第七師団長管理による独立歩兵一コ大隊基幹の北海支隊の戦闘序列が発令された。このうち一木支隊は、ミッドウェー海戦の失敗によって任務変更され、ガダルカナル島に投入される悲劇の部隊となる。北海支隊は、六月七、八日アッツ、キスカ両島を無抵抗で占領したが、米軍は直ちに連日のように空襲による執拗な反撃を開始した。また七月二十四、二十六日には米潜水艦が択捉島を攻撃し、船舶六隻沈没の損害を生じた。

北部軍司令官は八月一日付で、濱本喜三郎中将から樋口季一郎中将に交替した。樋口中将着任後、もっぱら対ソ作戦準備に専念していた北部軍もしだいに対米作戦に頭を向け始めた。樺太混成旅団参謀は九月十日付で安木亀二中佐から鈴木康生大佐に交替し、旅団長も十二月一日付で長谷川正憲少将から稲村豊二郎少将に交替した。いずれも着任にあたり参謀本部から対ソ紛争の防止、ソ連を刺激しないように指示され、それまでの攻勢準備から防勢準備に転換した。

大本営は米軍の奪回作戦に備えてアリューシャンの防衛を強化するとともに、千島の防衛をも強化する処置をとった。これにより八～十月、北千島要塞の兵力を増強するとともに、中千島にも初めて兵力を配置し、さらに北海道に兵力を待機させた。また樺太国境地区（五月）、千島（十一月）の防衛担任を防衛総司令官から北部軍司令官に移した。

一九四三（昭和十八）年二月五日北部軍は改編されて北方軍となり、従来の北部軍の任務に加えてアリューシャン作戦をも担任した。アリューシャンの北海守備隊（北海支隊を抜本的に強化、司令官峯木十一郎少将）は第五艦隊の指揮下から北方軍司令官の隷下に入った。米軍のアッツ島上陸直前の兵力は、キスカ島に北海守備隊主力の歩兵二コ大隊基幹の陸軍約二、五〇〇名、海軍約二、五〇〇名、アッツ島に北海守備隊の歩兵一コ大隊半基幹の約二、五〇〇名であった。千島方面では三月十六日北、中、南千島守備隊が編成され、初めて南千島にも若干の兵力が配置された。

米軍は五月十二日アッツ島に上陸攻撃を開始した。キスカ島の北海守備隊においても、北方軍においても救援を企図したが海上輸送機関がなくできなかった。守備隊長山崎保代大佐以下は苦闘の後五月二十九日玉砕した。これより先の四月十八日、聯合艦隊司令長官山本五十六大将がソロモン方面で戦死したこととあわせ、戦争の前途に暗澹たる気持ちを抱かせたのであるが、ただ一つの救いは、アッツ島よりもアラスカ寄りのキスカ島に取り残された北海守備隊主力と海軍部隊の計約五千名が、七月二十九日奇跡的にただの一名も残さず全員無事に救出されたことであった。

アリューシャン撤退前後からソ連参戦まで

全般及び北海道

一九四三年に入っても北方軍の任務は変更なく、ソ連が参戦した場合、関東軍の作戦と呼応し、海軍第五艦隊と協同して北樺太及びカムチャッカ半島要地、さらに状況によって樺太対岸の沿海州東岸要地を攻略することになっていた。しかしアリューシャンから撤退して、防衛線は一気に千島まで後退した。この情勢では対ソ作戦準備の余裕はなく、さし迫る連合軍の来攻に備えて各方面の防衛強化に専念せざるを得なかった。

アッツ島に米軍が来攻する直前の一九四三年五月九日、室蘭北東の幌別村が米潜水艦の砲撃を受けた。北方軍は沿岸要地の警備を強化するため、これまでほとんど配兵のなかった道東地区に、五月十四日動員されたばかりの第七師団に十七日一部兵力の派遣を命じ、根室・網走・釧路各支隊が派遣された。中央も五月二十四日北海道の戦時警備を発令したので、北方軍はさらに六月四日第七師団及び津軽要塞から兵力を差し出させ、小樽・室蘭・襟裳各警備隊等を配置した。防空強化のため、レーダー装備の北方軍防空情報隊が六月十四日編成完結し、北東方面全域に配置された。五～六月地上兵備の整備として、一木支隊（歩兵第二十八聯隊）の復員等で一様でなかった第七師団、及び北方軍関係の第四十七師団（弘前）が改編された。また第六十七独立歩兵団隷下の歩兵第百二十五聯隊（札幌）は、五月十四日動員され、樺太混成旅団の隷下に入った。六月二十五日には多数の特設警備大（中）隊が編成され、道内各地のほか樺太、千島にも配置された。さらに、特設警備隊が配置された沿岸要点の中間地区の防衛について、陸軍省は「在郷軍人会防衛隊」を組織するよう指導した。

海軍は八月五日、第十二航空艦隊及び第五艦隊をもって北東方面艦隊を編成し、北太平洋方面海軍部隊の指揮を統一し防備の強化をはかった。八月二十三日陸軍北方軍との間に「北太平洋方面作戦陸海軍指揮官間の協定」を結び、北千島に重点を指向して千島列島の防衛を強化することになった。遅れて九月三十日、「北東方面作戦陸海軍中央協定」が示達されたが、既に現地協定に基づき作戦準備を進めており、大きな変化はなかったようである。

北方軍が十一月十五日にまとめた千島防衛の基本構想の要点は、「千島の作戦は対ソ防衛ではなく、対米作戦である。わが作戦地は北千島から北海道本島にいたるまですべて太平洋に向かい、いずこも対米第一線と観るのが至当である」というものであった。地上警備兵力のさらなる増強の必要から、十一月十六日三コ警備隊の編成が発令され、この内二コ警備隊が道東方面、一コ警備隊は樺太に配置された。さらに一九四四年一月四日、多数の特設警備大（中）隊が増設、各地に配置された。

一九四四（昭和十九）年二月十八日、第五方面軍司令部の編成が発令され、三月十日、北方軍司令官樋口季一郎中将が第五方面軍司令官に発令された。同時に千島方面の作戦に専念させるため第二十七軍司令部が編成された。二月十一日以降、第七師団の各補充隊が逐次動員され、三月二十五日留守第七師団の編成を完結した。方面軍は、千島及び北海道東部地区に来攻する米軍に対して随時反撃できる態勢におくため、第七師団を道東へ移駐させ、北海道本島防衛の任務は留守第七師団が継承した。三月二十七日留守第七師団から第七十七師団の編成が発令され、四月十八日編成完結、留守第七師団の任務を継承した。この頃から、航空兵備の強化と海上輸送力の増強も逐次進捗した。

第五方面軍は、道東地区の防備をかためることにし、四月初め既配備の第三十一・三十二警備隊に築城の準備に着手させた。さらに道東の防衛を第七師団に担任させることにし、五月十五日網走・根室・釧路・十勝支庁管内を第七師団の、爾余の道北・道央・道南地区を第七十七師団の作戦地域とした。七月六日、第七十七師団及び留守第七師団の動員が下令された。七月十八日その完結とともに、第五方面軍司令官は兵団長会同を開き、北海道本島重視の防備強化の構想を示し、沿岸築城の実施を命じた。第七師団は道東地区の、第七十七師団は勇払平野（苫小牧付近から東方の鵡川の間）の沿岸築城を行うことになった。一九四四年後半は、比島決戦方面、次いで激化する本土空襲に対応するため、北東方面から陸海軍の航空部隊、防空部隊が抽出・転用された。

大本営は本土決戦準備にあたり、一九四五（昭和二十）年一月二十二日、作戦を担当する方面軍司令部と軍政面を担当する軍管区司令部を編成することになった。北東方面では第五方面軍司令部と並立して北部軍管区司令部が設置され、司令官は第五方面軍司令官樋口中将が兼補され、司令部職員も兼任が発令された。同時に北部軍管区は旭川師管区だけとなり弘前師管区は東北軍管区に入った。二月九日に防衛担任地域が改正され、樺太、千島、北海道はすべて防衛総司令官の担任地域から除外されて第五方面軍司令官が防衛を担任し、かつ樺太と千島は作戦地域として北部軍管区から除外された。

千島方面においては逐次に進出した部隊に関して統帥組織の整頓が行われ、一九四四年四月十二日第九十一師団（北千島）、独立混成第四十三旅団（択捉島）、独立混成第八聯隊（国後島、後増強して独立混成第六十九旅団を編成、主力色丹《シコタン》島）の新編、第四十二師団（中千島）の改編が行われた。択捉島に進出したが存在価値に疑問のあった第二十七軍司令部は、一九四五年一月戦闘序列内の部隊を方面軍直轄として残し、自らは東部軍に編入を発令されて転進した。

同年二月二十八日、本土決戦兵団の動員と関連して、北東方面の兵備増強に関して次のとおり発令された。樺太混成旅団を増強して第八十八師団を、南千島の独立混成第四十三・第六十九旅団を増強して第八十九師団を、留守第七師団を基幹として第百四十七師団を、道東地区の第三十一・第三十二警備隊を増強して独立混成第百一旅団を編成するというものであった。また同時に旭川師管区部隊の編成も発令された。これによって、北海道方面における防衛兵力も一応充実したので、方面軍は独立混成第百一旅団を道東の第七師団の指揮下に入れ、第百四十七師団は第七十七師団から苫小牧正面の沿岸防御と道西南部の防衛を継承し、第七十七師団は方面軍予備となり、旭川、滝川地区に集結して随時出動できる態勢にあるとともに道西北部地区の防衛に任ずることとした。

ところが四月九日、大本営から本土方面決戦兵力充実のため、北東方面から多数兵団を転進させる予定であるとの連絡を受け、方面軍の決戦準備は根本的に再検討が必要になった。五月から六月にかけて、北海道本島から第七十七師団、第百四十七師団、千島から海上機動第三・第四旅団等の関東及び九州方面への転用が発令され、逐次移動した。

方面軍は、北海道本島を重視し、在道兵団及び千島方面からの抽出兵力をもって急遽次のような措置をとった。道東の独立混成第百一旅団を苫小牧地区に転進させて第七十七師団の任務を継承させる。中千島の第四十二師団を稚内付近に転進させて宗谷海峡に沿う地区の防衛に当たらせる。北千島、南千島から有力な部隊を抽出してこれらの部隊及び津軽要塞守備隊に増強する。旭川平地を中心とする地区を旭川師管区部隊の防衛管区にするといったことが主要なものであった。

大本営は五月九日、方面軍の任務を従来の決戦的なものから持久的なものに改め、対ソ作戦についても攻勢ではなく初めて防勢の方針を示した。六月九日完成した方面軍の防御作戦準備要綱のうち、北海道本島の部分の要旨は次のとおりであった。

北海道本島にありては、上陸軍に対し決戦を求めるものとす。陸軍総兵力数約十一万四千なり。

主決戦方面

東部北海道にありては計根別平地、西部北海道にありては苫小牧平地とす。ただし東西両方面ほとんど同時に生起する場合にありては、東部北海道においては国民抵抗に止め、脊梁山脈において西部北海道の側背を防止す。

決戦方面に集中する兵力

東部北海道の場合歩兵約二七～八コ大隊、砲兵約三〇コ中隊、西部北海道の場合歩兵約三二～三コ大隊、砲兵約三七～八コ中隊

方面軍は七月五～六日兵団長会同を札幌で開き、作戦準備に関する命令及び作戦計画を示達した。七月初めから米潜水艦が宗谷海峡に出没し、海豹島や敷香《シスカ》を砲撃する状況であり、このため樺太第八十八師団長は遅れて十～十一日来札して示達を受けた。方面軍は樺太方面を含めもっぱら対米重点というかたちであった。

方面軍はまた、北海道本島が本州方面から分断孤立化することを前提に、正規軍隊による純然たる作戦準備とあわせ、国民総力の結集をはかった。在郷軍人を主体とする徹底した地区司令部及び地区特設警備隊の編成、国民学校初等科を除く全学徒による学徒隊の編成、職域及び地域ごとの国民義勇隊の編成、これにともない従来の在郷軍人防衛隊を発展解消して戦闘隊の訓練指導に当たるものとした。行政組織や機能を軍の作戦と関連させるため、従来の地方行政協議会を発展解消して北海地方総監府を設置、さらに義勇兵役法の施行にともない、在郷軍人以外でも国民義勇隊員の中から戦闘に耐え得る男女は国民義勇戦闘隊として編成し、訓練することにした。鉄道部門においても全国に先がけて鉄道義勇戦闘隊が編成された。

樺太

樺太国境の警備は、一九三九（昭和十四）年以前においては少数の国境警察が担任するだけで、具体的作戦準備は皆無であった。新編された樺太混成旅団は同年末ころから逐次に進出し、主力を上敷香に駐屯、古屯《コトン》北方の幌見《ホロミ》峠（国境から約一六㎞）に、攻勢作戦にあたり軍主力の集中を掩護するための陣地を構築した。一九四二年七月アリューシャン攻略作戦の遂行によって、軍の関心は同方面に向かい、現地兵団としては攻勢よりも、北樺太にある優勢なソ連軍に対してむしろ防勢の立場に置かれるようになった。樺太混成旅団は、軍の承認を得て、同年末から持久のための国境陣地の構築準備に着手し、翌一九四三年春から主力をもって八方山陣地と称する国境陣地(国境から約一二km)の構築を開始した。また向地視察隊(本部及び二コ中隊)が編成され、従来の向地視察班に代わって国境監視所に配置された。

一九四三年五月アッツ島守備隊の玉砕によって、北方軍は全く対米重点、千島強化となり、これまで対ソ一辺倒であった樺太混成旅団をも対米に転じさせることになる。方面軍の命令はなかったが、旅団は独自に海岸地域の偵察を行い対米作戦準備を始めた。五月樺太混成旅団は従来の歩兵第二十五聯隊に加えて歩兵第百二十五聯隊を編入され、歩兵二コ聯隊となった。同時に樺太輜重隊も編入された。六月には、正規軍隊の配置されない南部を主体に特設警備大隊三コ、特設警備中隊七コの編成配置が発令された。さらに十一月、南部の常駐警備部隊の必要が認められ、第三十警備隊の編入が発令された。先に編成された特設警備大・中隊は第三十警備隊に隷属することになった。翌年三月、樺太混成旅団と第三十警備隊をあわせて樺太兵団が編成された。

一九四四年三月、樺太の唯一の後援部隊として期待していた第七師団は道東移駐を命じられて対米専念となり、樺太兵団独力で全樺太を防衛しなければならなくなることが予見された。兵団の任務は「ソ連の進攻阻止」となり、全くの専守防御に転じた。兵団は五月、歩兵第二十五聯隊の国境警備任務を解き、主力をもって豊原を中心とする樺太南部地区、一部をもって北知床半島の沿岸築城を実施させ、飛行場設定作業等に当たっていた歩兵第百二十五聯隊を国境警備担任とし、主力をもって国境陣地の構築を担任するよう命じた。方面軍の明確な命令も指導もなかったが、兵団は全樺太防衛の見地から、万一の場合米軍にも対処できるよう築城実施に踏み切ったのである。

　樺太は対ソか対米か、ソ米同時進攻にも備えるのか。対ソなら北が重点、対米なら南が重点とならざるを得ない。対ソと対米では兵力配置、陣地の向き、諸施設、装備、戦法も異なって教育にも差がある。兵団は、対ソ対米作戦準備の比率をいかにすべきか、樺太防衛根本方針の研究に苦心を重ね、ほぼ南部を重点とする成案を得たころ、十月二十六日～三十日にわたり樋口季一郎方面軍司令官が作戦準備の現地指導に訪れた。兵団の計画を聴取しつつ極めて細部まで指導が行われたが、その要点は、①対米対ソにかかわらず南部が重点である、②国境に固着するだけでなく機動兵力の掌握に努める、師団昇格を中央に折衝する、③状況によって北海道に転用することも考えられる、というものであった。

　十一月二十七日、海上機動第四旅団長峯木十一郎少将（キスカから撤退した北海守備隊司令官、第七歩兵団長を経て）が樺太混成旅団長に発令された。峯木旅団長は択捉島を出発、札幌において方面軍司令官から、「樺太は従来主として対ソ作戦に重点を向けていたが、今後は一部をもって対ソ、主力をもって対米作戦に備えるようにせよ」との指導を受け、上敷香に着任した。

一九四五年二月二十八日、樺太混成旅団を基幹とし、新編の歩兵第三百六聯隊（第三十警備隊基幹）等を加えて第八十八師団の編成が発令され、三月二十七日編成を完結した。師団の編制定員は二〇、三八八名であった。この間の三月二十一日方面軍から、師団主力をもって豊原周辺地区に移動し、樺太南半部の防備を強化せよとの命令を受領した。師団長、参謀長の回想によれば、師団は対米に専念するよう命令されたということである。師団の作戦構想の骨子は、主力を南部、一部を北部に置き樺太を防衛する、重点を豊原方面に置くことを方針とした。指導要領としては、南部、北部とも海岸付近の主要陣地で敵を阻止撃滅し、やむを得ない場合は山地寄りの複郭陣地に拠って持久する。南北両地区の境界は真縫《マヌイ》—久春内《クシュンナイ》の線とし、従来構想した機動集中は行わず、南北両地区ごとに自戦自活し、相互に赴援しないのを本則とした。

師団は、歩兵第百二十五聯隊をもって真縫—久春内以北の守備を担任させ、主力をもって三月下旬から南部に大移動を行った。北部の歩兵第百二十五聯隊は、第二大隊を八方山、主力を上敷香、内路付近において陣地構築に当たった。南部では、師団司令部を豊原に置き、歩兵第二十五・第三百六両聯隊が亜庭湾の海岸防御を重点に陣地構築に当たった。歩兵第二十五聯隊第一大隊は栄浜《サカエハマ》、第二大隊は西能登呂《ニシノトロ》岬、第三大隊は留多加《ルウタカ》、歩兵第三百六聯隊第一大隊は大泊《オオトマリ》、第二大隊は女麗《メレ》（大泊東方一〇km）、第三大隊は富内《トンナイ》に配置された。

軍政的作戦準備として三月二十四日、豊原地区司令部と豊原地区第一〜第九特設警備隊が編成された。六月十三日国民義勇隊樺太隊が編成され、六月二十三日義勇兵役法の施行によって、この中から義勇戦闘隊の編成を始めたが、訓練をするいとまもなく開戦となった。八月一日樺太鉄道連合義勇戦闘隊が編成され、戦闘下の運行に努めた。住民の避難、収容準備として北部、南部それぞれ地域を指定し、一部の道路を構築、樺太庁によって海軍の資材を買収し、もより駅周辺に集積した。

一九四五年の早春、国境線からほど遠くないソ連領の森林の中から数十条の白煙が昇るようになった。トラックの往復も急速に増加した。向地視察隊の報告によれば、中央国境正面のソ連軍は増強され、物資の集積も増加し、進攻準備はほぼ完成したようであった。ソ連軍兵力の欧州からの東送状況も六月中旬ころ師団に通報され、師団は諸情況からソ連軍の八月攻勢必至と判断し、六月下旬師団の対ソ戦転換について上申した。方面軍の回答は「現態勢に変化なし」であった。七月初め、戦車を伴うソ連軍大部隊が展開して国境に

第88師団主要部隊配置図（昭和20年５月頃）

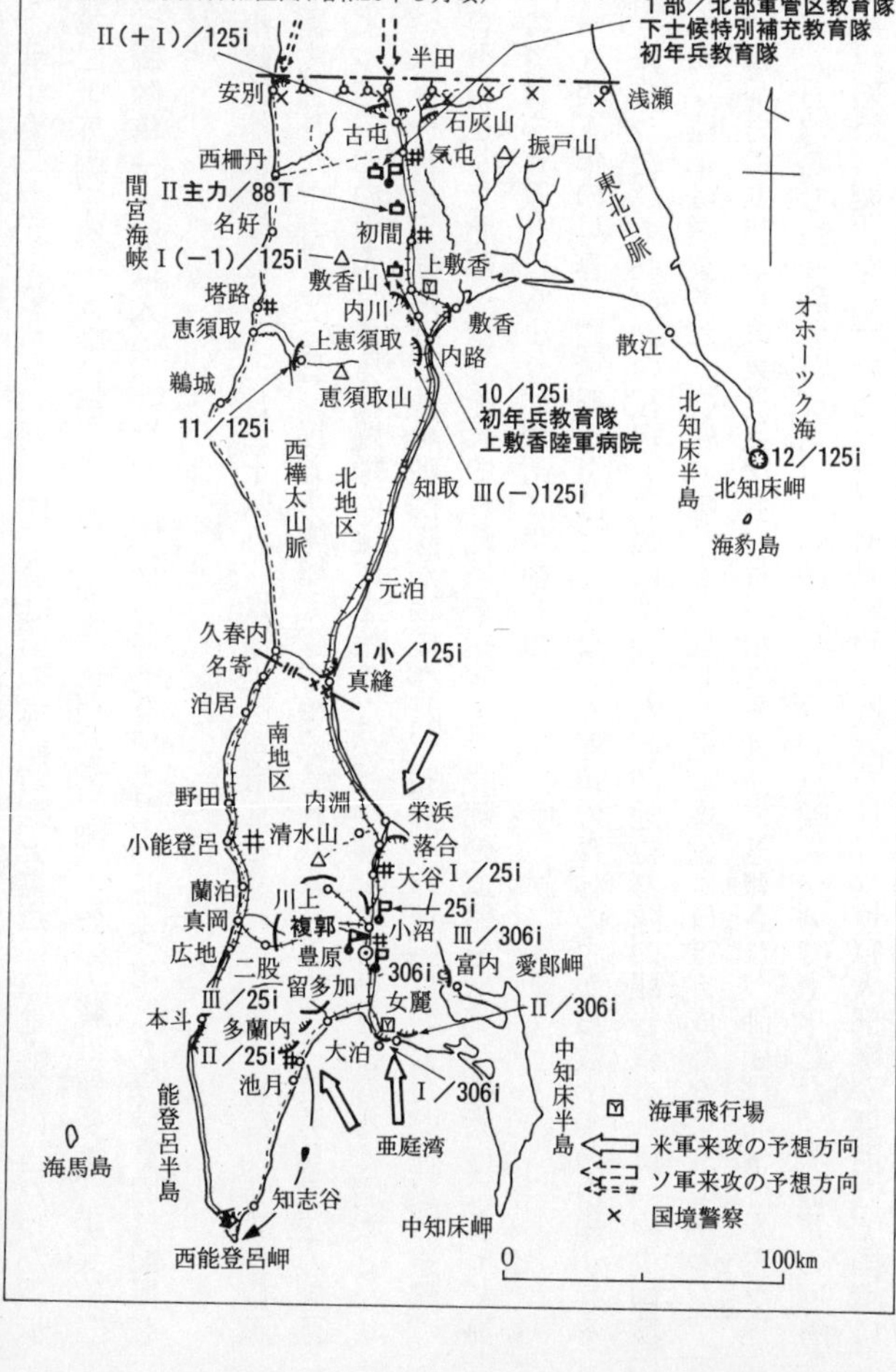

向かい前進し、国境北側の森林の線で停止し、二日たって後退した。師団はこの状況を報告し、作戦方針転換を再度上申した。七月下旬師団は三度目の上申を行い、八月三日ようやく「ソ軍もし樺太に侵攻し来るときは、これと対戦するものとす」という方面軍命令を受領した。

師団は直ちに対ソ作戦計画を作成し、八月六〜七日豊原に島内主要幹部を招集して団隊長会同を開き、師団の計画を示達し、対ソ作戦準備への転換を命じた。対ソ対米の防衛策は早くから準備ずみで、兵力配備もほとんどできあがっていたから、要は明確な意志表示と一部の補足、修正が主体であった。その要旨は次のようであった。

北地区では歩兵第百二十五聯隊基幹をもって極力持久を行い、ソ連軍の南進を阻止する。同聯隊長は官民の保護、避難にいたるまで地域内の一切の責任を負う。南部では師団主力をもって守備する。東半部は歩兵第三百六聯隊、西半部は歩兵第二十五聯隊の担任とし、栄浜の歩兵第二十五聯隊第一大隊を真岡に、富内の歩兵第三百六聯隊第三大隊を栄浜に配備を変更する。師団主力をもってする国境ソ連軍の邀撃は本則として実施しない。

団隊長会同開催中も、国境方面ソ連軍の行動は活発で、向地視察隊の報告はソ連軍の進攻準備が完了したことを示した。歩兵第百二十五聯隊はじめ各部隊はそれぞれ師団の計画を伝達し、所要の指示を与えたが、実際に行動に移ったのはソ連参戦の連絡を受けた八月九日以後であった。

千　島

千島に対する兵力の増強・抽出、部隊の編成・改編等はまことにめまぐるしいものがあり、これらをすべて紹介するのは混乱を招いてかえって理解しにくいと思われるので、直接日ソ戦に関係のある北千島を中心に、かつ航空部隊と海軍部隊はいったん増強されたが開戦時までにほとんど転進してしまうので、実際の日ソ戦に直接かかわった陸軍地上部隊について概要を記すことにする。

一九四三年五月アッツ島に米軍が上陸したころ、千島には北、中、南千島守備隊があり（同年三月十六日発令）、北千島守備隊の兵力は歩兵約四コ大隊、重砲一コ大隊、工兵一コ中隊で、占守《シュムシュ》島と幌筵《パラムシル》島に配置されていた（一部は北海道に待機中）。大本営は同月、さらに千島列島の防備強化措置をとり、五～七月北海守備隊第三地区隊、東京湾・下関・澎湖《ホウコ》島の要塞重砲兵各一コ中隊、独立高射砲第二大隊主力、防空第三十一聯隊、その他北方軍の措置もあり、工兵、自動車、衛生部隊等が北千島に到着した。各部隊は占守島及び幌筵海峡地区の防備強化、雇用労務者とともに飛行場設定をはじめ各種の作戦準備を推進した。

奇跡的にキスカ島撤退に成功した北海守備隊が、八月一日無事幌筵島に帰着し、戦力回復に努めるとともに北千島守備隊の防備強化に協力することになった。さらに八月十二日編成改正が行われ、北千島守備隊と北海守備隊主力基幹をさらに増強して師団級の千島第一守備隊として北千島の防衛にあてることにされた。同時に千島第二守備隊（松輪島）、同第三守備隊（得撫島及び南千島）が編成された。

七月十日、奪回されたアッツ島から米軍機がはじめて北千島に来襲した。爾後たびたび空襲があったが、九月十二日の空襲ではわが空地の防空部隊の反撃により半数を撃墜し、その後十二月末まで空襲はなかった。

米国による対ソ軍事援助として、米国からソ連に転籍した船舶による占守海峡を通過して沿海州に向かう援助物資輸送が行われていた。そのうちの一隻、援助物資を満載したマリューポール号（七千トン）が、十一月十四日占守島北端小泊崎付近に座礁する事故があった。微妙な対ソ関係の折から、荒天の中で救難にあたったのであるが、ソ連側は救難船を派遣して移載できるだけの物資を積み、「マ」号をそのまま放置したためわが防衛上の障害となった。

一九四四年二月四日、米艦隊が幌筵島南部の武蔵海軍基地を砲撃、かなりの損害を生じた。米潜水艦の活動も活発となり、千島増強のための輸送船団が攻撃を受け、三月二日輸送船一隻、三月十六日護衛艦一隻、輸送船一隻が撃沈されるなど、その後繰り返し行われる兵力・資材の増強・転進の大きな障害となった。一時途絶えていたアリューシャンからの空襲も、年が変わるころから夜間空襲が再開され、三月十七日にはその範囲が松輪島に及び、三月二十五日からは昼間空襲が再開された。特に北千島に対しては、その後連日のように米軍機の空襲が繰り返される。

　このような中で、第七歩兵団を基幹とする東支隊（支隊長峯木十一郎少将）が、三月三日無事幌筵島に上陸した。同支隊は四月に編組を解き千島第一守備隊第三歩兵隊に編入、峯木支隊長は北海道に帰還して新編の海上機動第四旅団長（さらに後に樺太第八十八師団長）となった。また千島第一守備隊第二歩兵隊を基幹に北海道、本土から増強して海上機動第三旅団を三月二十六日編成完結し、五月ころ温禰古丹《オネコタン》島等に配置された。この間に、関東軍から戦車第十一聯隊、独立守備歩兵第七・八・九大隊が北千島に、第十一派遣隊（独立守備歩兵三コ大隊、内二コ大隊と独立戦車第二中隊をもって千島第一集団となる）が温禰古丹島等に推進、配置された。

　北千島の千島第一守備隊主力及び独立守備歩兵第七・八・九大隊を基幹として、五月十日第九十一師団の編成を完結した。千島第一守備隊司令官堤不夾貴《ふさき》中将が師団長に昇格した。歩兵第七十三旅団（独立歩兵第二百八十二～二百八十七大隊）、歩兵第七十四旅団（独立歩兵第二百八十八～二百九十三大隊）の計一二コ大隊基幹で、戦車第十一聯隊が編合に編入された。方面軍は対米のみを考え、米軍が北東方面に進攻するならば、基地推進の目的で千島に来襲する公算が大とし、「来攻する米軍を撃破して空海基地の設定を阻止し、やむを得ない場合でもその使用を極力妨害する」とした。千島の戦いは、陸海空の戦力を総合発揮する、航空基地確保のための戦いとした。

占守島から捨子古丹《シャスコタン》島までを担任する第九十一師団の任務は、「北千島に進攻する敵の撃滅」であり、占守島を重点に上陸を予想する地域を堅固に守備し、敵を水際に撃滅する企図のもとに戦備を強化していた。しかし上級部隊の指示によって、温禰古丹島、捨子古丹島に相当の兵力を配置し、また太平洋方面の戦訓等から、八月ころ以降検討を進め、水際直接配備による水際撃滅方針を、縦深配備によって敵を紛戦状態に導き出血を強要する、面の作戦方針に変更した。主抵抗線を占守島の中央付近に後退させ、その前にも後にも要点に拠点をつくり、それぞれ独立して戦闘を継続して持久し、出血を強要しようとするものであった。

ところが一九四五年に入り、千島第一集団及び海上機動第三旅団の抽出のみならず、北千島の第九十一師団の編成内からも独立歩兵二コ大隊のほか、高射砲、砲兵部隊等が多数抽出された。さらに陸軍航空部隊のほぼ全部、海軍部隊のほとんど全部（占守通信隊ほか若干のみ残留）が五〜六月に転用されてしまった。北海道本島重視に移行した第五方面軍は、第九十一師団の任務を「幌筵海峡周辺地区及び占守島の要域確保」に変更した。かくして師団は五月中旬、幌筵海峡を中心とする最終防御態勢へ移行する、要旨次の命令を発した。

方針

師団は主力をもって幌筵海峡西側地区を堅固に保持し、敵の同海峡利用企図を破砕する。

部署の大要

歩兵第七十三旅団（歩兵四コ大隊基幹）は主力を占守島西端の幌筵海峡沿岸部に陣地を占領して来攻する敵を撃滅、一部をもって占守島中部要点を確保して敵の進出を妨害させる。

歩兵第七十四旅団（歩兵四コ大隊基幹）は幌筵島北東端の幌筵海峡沿岸部に陣地を占領して来攻する敵を撃滅する。

主力占領地区以外の占守島、幌筵島はそれぞれ北部遊撃隊（独立歩兵第二百八十二大隊基幹）、南部遊撃隊（独立歩兵第二百九十二大隊基幹）をもって欺騙、陽動、遊撃を行って敵に出血消耗を強要する。占守島においては一部をもって国端崎、四嶺山、蔭ノ澗付近を確保して極力敵の内陸進攻を阻止する。

これまでも度重なる部隊の増強、ついで抽出が行われて配備変更を繰り返し、部隊は混交輻輳《ふくそう》し、資材・糧食の移送も思うにまかせなかったが、各部隊の努力によって、開戦までに要点の陣地施設は概成した。最終的な北千島の兵力は、兵員約二五、〇〇〇名（内海軍約一、五〇〇名）、重軽火砲約二〇〇門、飛行機陸海合わせて八機であった。敵は米軍と考えていたが、ソ連の動向にも注意を向け、作戦準備については対米すなわち対ソという態度で進めたのである。

千島重視でいったん充実した兵力が、本州、北海道本島方面に相継いで抽出された結果、千島全体の最終的な配備兵力は次のようになった。北千島は温禰古丹島の兵力を撤し、第九十一師団（戦車第十一聯隊、独立戦車第二中隊等を属す）全力を幌筵島と占守島に集約した。中千島は松輪島に独立混成第四十一聯隊、得撫島に独立混成第百二十九旅団（いずれも七月十六日付で同島残置部隊をもって編成）がいたが、八月二日北海道本島へ転進の命を受け、準備中終戦となった。南千島は第八十九師団の担任で、択捉島に師団司令部と混成第三旅団基幹、国後島に混成第四旅団の一コ大隊と特設警備一コ中隊、色丹島に混成第四旅団司令部と同旅団二コ大隊基幹、歯舞《ハボマイ》諸島に同一コ大隊が配備されていた。

第三章　樺太における対ソ戦

彼我の態勢、計画

樺太の地誌

全長約九百km、面積約七・八万平方kmの樺太島の約半分、北緯五〇度以南が日本領土の南樺太である。南樺太は南北約四五六km、東西二七・五km〜一五七km、面積は約三・六万平方kmで四国の約二倍にあたる。

地形は平地が少なく、高くはないが、深い谷や急斜面、小断崖の多い山地が海岸に迫っている。北部は自然林に覆われ、部隊の行動を拘束する。南部は山脈脊梁部を除き大きな森林はない。ソ連領北樺太に発して多来加《タライカ》湾に注ぐ幌内川は南樺太第一の河川で、冬季結氷期以外は渡渉できず、流域はいわゆるツンドラ地帯で、融解期は部隊行動を相当に阻害する。その他の河川は下流の一部を除き渡渉可能である。

行政は樺太庁が統轄する豊原《トヨハラ》（南東部）、真岡《マオカ》（南西部）、敷香《シスカ》（北東部）、恵須取《エストル》（北西部）の四支庁で、終戦時の在住人口は季節労務者等を加えて約四〇万人である。都市は人口五万の豊原が唯一の市で、恵須取町が三万、人口二万を越える町は大泊《オオトマリ》、真岡、落合《オチアイ》、敷香のみで、その他は二万未満である。主要道路は、大泊―豊原―東海岸沿い―半田の東部縦貫道路、西能登呂《ニシノトロ》―西海岸沿い―安別《アンベツ》の西部縦貫道路で、東部は全線トラックの運行ができるが、西部は塔路《トウロ》以南のみ運行可能である。両縦貫道路を結ぶ東西の横断道路が数本ある。鉄道は樺太東線（大泊―古屯《コトン》）、豊真線（豊原―真岡）、樺太西線（本斗《ホント》―久春内《クシュンナイ》）があるが、素質は低い。三、〇〇〇トン級の船舶数隻の同時係留可能な港湾は大泊港、同じく同時接岸できるのは真岡港、二、〇〇〇トン級船舶数隻が同時接岸できるのが本斗港で、ほかに敷香港、恵須取港があったが能力は劣っていた。

国境付近の戦いの焦点となった地域をやや詳しく見ることにする。

東部縦貫道路に連接して敷香―古屯―ソ連領北樺太に通ずる道路を中央軍道と称する。

中央軍道の西は西樺太山脈の山裾で、山脈の支脈の稜線が東西に走り、中央軍道に至っている。西樺太山脈の中腹から針葉樹の密林が中央軍道に延び、一部はその東に及んでいる。この森林内は大部隊の行動を許さないが、幌見峠から半田国境にかけてと、中央軍道から西方一二～一三kmは大きな樹木はなく、部隊の行動は可能である。西樺太山脈から発し、中央軍道を横切って幌内川に注ぐ支流は、おおむね渡渉可能である。

中央軍道の東は幌内川低湿地帯のいわゆるツンドラ地帯で、結氷期以外は深さ一～四メートル余に達する。表面の灌木、蘚苔類の密生によって歩兵の単独行動のみを許すところが多い。古屯付近の東軍道（中央軍道の東方一．五kmを並行）以東の地域は人馬ともに行動困難である。しかし、この地域内には諸所に森林があるので、木材を敷いて軽易に通路をつくることができる。実際に中央軍道東方八kmのツンドラ地帯に構築した栗山道は、丸太を敷き並べて土盛りした道路である。またツンドラ地帯に散在する森林は、遠方に対する通視を妨げていた。

要するに、国境を突破して南下をはかるソ連軍は、一部の迂回、浸透は別にして、主力は中央軍道沿いに進撃せざるを得ないのである。

第八十八師団の態勢及び対ソ作戦命令

一九四五年八月九日、ソ連の対日開戦当日朝の第八十八師団は、主力を南部の豊原を中心とする地域に、歩兵第百二十五聯隊主力を北部の内路《ナイロ》、上敷香《カミシスカ》付近において対米作戦のための沿岸築城を実施中で、同聯隊第二大隊だけが八方山において対ソ防御陣地を構築中であった。

歩兵第百二十五聯隊は、聯隊本部を気屯《ケトン》に置き、第一大隊主力を上敷香西方五km付近で、第三大隊は内路付近で陣地を構築し、八月初めにほぼ完成し、七日ころから弾薬、糧秣の陣内集積を行っていた。第十二中隊は東方はるか離れた北知床岬にいた。第二大隊主力は八方山陣地内に幕営しながら陣地を構築中であった。第七中隊の一コ小隊を国境の半田陣地に、第八中隊の一コ小隊を幌内川東側の武意加陣地に、第六中隊を西海岸の安別に置いて警備に任じていた。国境の西から安別、半田、武意加、雁門（半田東方二〇km）及び東海岸の浅瀬（地名）には国境警察が配置され、安別、古屯、浅瀬には憲兵も配置されて防諜に任じていた。

八月九日早朝、札幌の第五方面軍から、ソ連軍が満州国内に越境し関東軍がこの敵と交戦中の通報を受け、次いで七時やや前、方面軍参謀田熊利三郎中佐から師団参謀長鈴木康生大佐に対し緊急電話をもって状況を知らせ、この連絡に基づき師団が所要の処置をとって差し支えない旨連絡された。参謀長からこの報告を受けた師団長峯木十一郎中将は、直ちに対ソ作戦実施を決意し、要旨次の対ソ作戦命令を発令した。

一　大本営の通報によれば、ソ連は昨八日夕帝国に対し宣戦を布告せるものの如し。

二　師団は樺太防衛のため決起せんとす。

三　各部隊長は団隊長会同において示されたところに基づきおのおのその任に就くべし。

鈴木参謀長から真っ先に電話で命令を伝えられた歩兵第百二十五聯隊長小林與喜三大佐は、「予想どおりやって来ましたね。昨日昼命令を下してありますから『昨日の命令どおり任務につけ』です。国境方面はご安心下さい」と悠々たるものであった。

歩兵第百二十五聯隊の国境陣地占領

九日七時過ぎ師団命令を受領した歩兵第百二十五聯隊長小林大佐は、直ちにまず八方山の第二大隊に陣地を占領して聯隊主力の北上を掩護するよう命令し、向地視察隊主力をもって国境線南側の三一四高地、三五六高地の速やかな確保、聯隊主力の北上、第十二中隊の北知床撤収等を次々と処置した。気屯の聯隊本部にあった第二大隊長渡部辰夫少佐は、電話で八方山の大隊に急ぎ配備につくよう命令するとともに、トラックで八方山に急行した。大隊主力は直ちに行動を開始し、九時に配備を終わった。

小林聯隊長は、九日八時三十分ころ、国境付近にある石灰山開発の作業員、軍関係道路工事等の作業員、警察官家族、永井開拓団等の住民の引き揚げを命じ、また石灰山軌道、武意加付近橋梁、栗山道、東軍道等の破壊・爆破、幌見峠の展望台の破壊を命令した。

九日朝の国境付近は濃い霧に包まれていた。七時三十分ころから武意加警察、日の丸第一号監視哨、半田警察等にソ連軍の散発的な砲撃があり、ソ連軍小部隊が越境して偵察行

歩兵第125聯隊防御配備要図(昭和20年8月10日夕ころ)

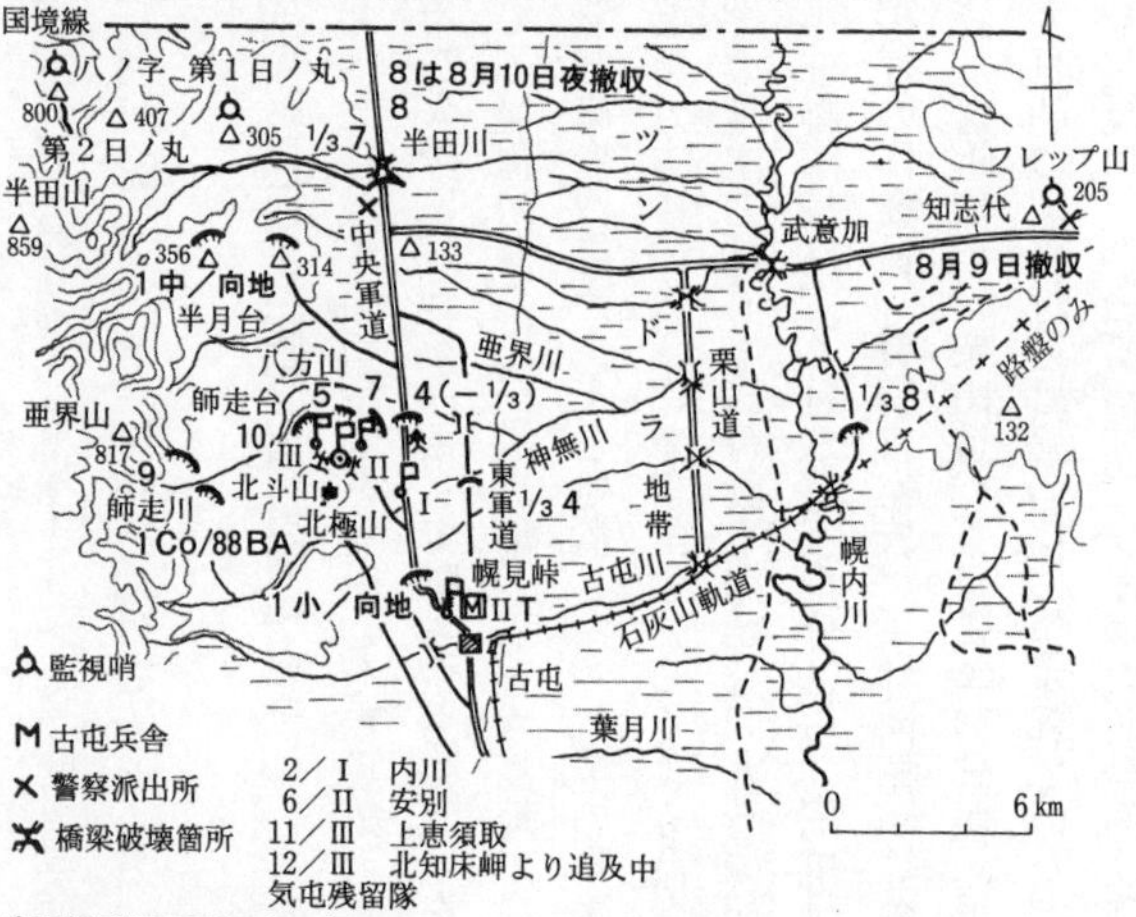

安別付近概要図(昭和20年8月)

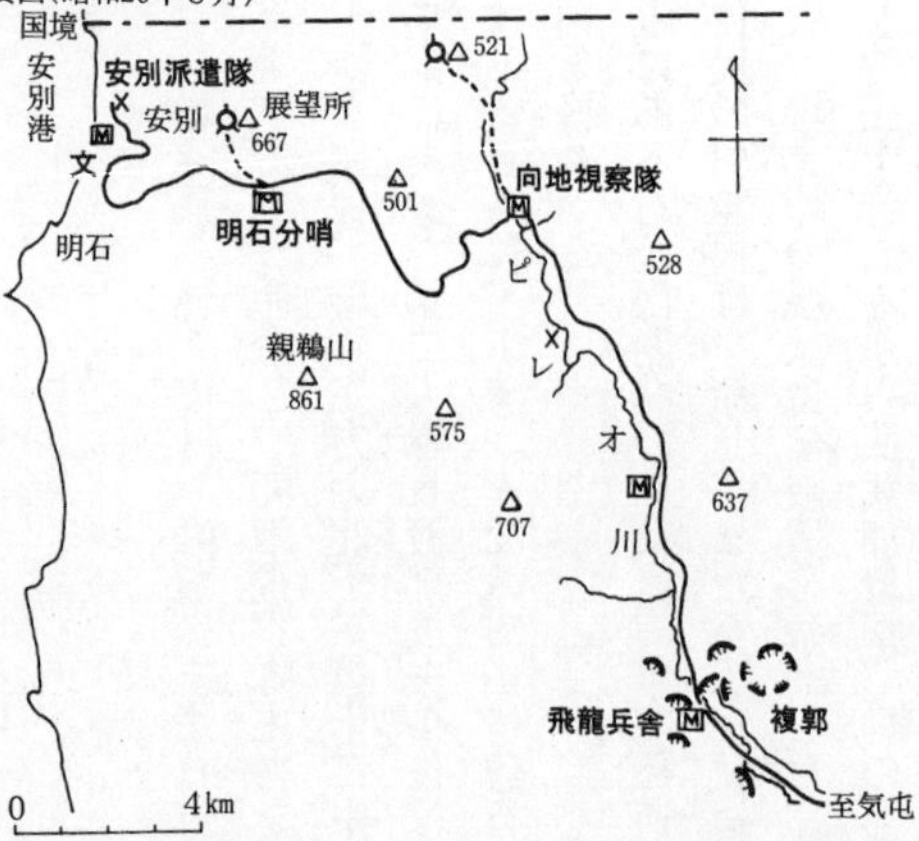

動を開始したが、本格的進攻は行われなかった。歩兵第百二十五聯隊主力は、対米防御配備を撤収して北上準備を整え、軍用及び民間車両を集め、鉄道を併用して九日夕から前進を開始した。

小林聯隊長は本部等を率いて二十一時に八方山に到着した。向地視察隊主力（約一コ中隊）は九日夜遅く八方山前方五kmの三一四高地に進出した。

第一大隊（大隊長小林貞治少佐は築城教育参加のため旭川に出張中、大隊長代理横田徹夫中尉）は十日零時ころから三時三十分ころにかけて逐次八方山に到着、第三中隊を聯隊予備隊として北斗山に差し出し、主力は聯隊右第一線となって中央軍道に沿う地区を占領した。第三大隊（小笠原信次郎少佐）は十日七時ころから逐次八方山付近に到着、十六時ころ亜界山、師走台にわたる聯隊左第一線の配備を完了した。

上敷香北側にあった輜重兵第八十八聯隊第二大隊長山鹿三郎大尉は、南部の豊原にある聯隊本部と連絡がとれず、独断第七中隊を率いて鉄道によって古屯に進出し、九日午後から小林聯隊長の指揮下に入り、古屯兵営に集積してあった弾薬、糧秣の八方山への輸送に当たった。

また主陣地前方を固めるため、十日朝第八中隊（佐藤薫中尉）が半田に増派され、第七中隊の一コ小隊（泉沢尚太郎少尉）及び警察隊を併せ指揮し同地の守備を強化した。

十日は前日の細雨も晴れ、ソ連軍機が数回にわたり飛来して、その一部が半田付近に爆弾を落としたが損害はなかった。地上では、日の丸監視哨がソ連軍小部隊の攻撃を受けただけで、対米の南向き配備にあった歩兵第百二十五聯隊主力が八〇km急進して、北向きの対ソ陣地の占領は順調に行われた。ソ連軍が開戦と同時に国境を突破して進撃することをしなかったので、まず初期における危険な状態を脱することができた。

第八十八師団の処置

対ソ作戦命令は、九日八時ころまでに各部隊に伝達を終わり、方面軍、樺太庁、鉄道局等にも報告・通報された。次いで開戦前の作戦計画に基づき、落合にある歩兵第二十五聯隊第一大隊（仲川義夫少佐）に対して、真岡に転進して守備につくよう命令した。国境陣地と師団司令部のある豊原は三五〇km離れており、西海岸の要点である恵須取方面との連絡、情報収集も必要であった。

師団は、両方面との連絡が最も便利な上敷香の旧師団司令部に戦闘司令所を出すことにし、高級参謀筑紫富士雄中佐を上敷香に派遣した。筑紫参謀は十日戦闘司令所を開設し、所在の軍隊、官民と連絡をとり、各部隊の状況を把握してその行動を指導した。

三月二十四日に編成された豊原地区司令部（地区司令官柳勇少将）は、三月二十五、二十六日の二日間、島内在住の邦人七、六八八名を地区特設警備隊要員として召集し、一応の教育を行った。当時どのような要領で訓練し戦闘するべきか上級司令部においても成案がなかったのであるが、柳少将は中国北部における経験から、ゲリラ戦の要領について教育を行ったということである。その後、方面軍から中野学校卒業生が配当されたので、彼らを教官として各地区特設警備隊の一部人員に対して真剣な教育が行われた。ソ連参戦とともに第五方面軍司令官は、豊原地区司令官以下地区特設警備隊、義勇戦闘隊（八月十三日発令）を第八十八師団の指揮下に編入した。

ソ連参戦によって、八月九日、地区特設警備隊要員として在郷軍人、中学校及び青年学校生徒等三、六二八名が防衛召集され、主として沿岸警備、対空監視、陣地構築、軍需品の輸送及び避難者の援護等に従事した。

老幼者の緊急疎開については、十九年から大津敏男樺太庁長官と陸軍（鈴木参謀長）の間で内々に相談した次のような了解（海軍武官府設置後は海軍武官黒木剛一少将も加わった）があった。「責任者は長官とし、陸海軍は極力協力する。必要な船舶、鉄道は長官の指揮下に入れる。乗船、乗車は長官の定めるところによって軍官民同時同権とする。この内容は三者以外絶対秘密にする」というものであった。九日緊急の三者会談が行われ、この了解に基づく疎開の実施を確認した。

長官は緊急輸送協議会（樺太庁、鉄道局、船舶運営会）を設けて緊急会議を開き、十二日輸送計画を決定して全市町村に通達した。引揚者は六五歳以上の老人、四一歳以上の婦人、一四歳以下の男女等一六万名とし、一五日間に輸送完了する。乗船地は大泊、本斗、真岡として十三日から第一船が出発した。疎開者の受け入れについては、第八十八師団の要請に基づき、宗谷要塞司令官芳村覚司少将（前歩兵第百二十五聯隊長）が稚内上陸時の支援に当たった。

開戦とともに、国境付近の各集落には防衛隊、義勇隊が編成され、軍または警察の指揮下に警備や作業に任じた。古屯付近にあった栗山組（責任者栗山順次郎）は約二〇〇名の作業員をもって軍の作戦準備に協力した。中央軍道沿いの各集落は、住民からなる防衛隊が警戒に当たった。幌内川と気屯川の合流点にある永井開拓集落にも防衛隊が編成された。在郷軍人は召集されたので、軍隊経験者は老人一名であったが、老人と婦女子を気屯に下げ、一六歳以上の男子は残って僅かな猟銃や日本刀を持ち、要点に歩哨を立てて警戒した。

第五方面軍及び大本営の対ソ作戦指導

札幌の第五方面軍司令部では、九日夜更けまで作戦会議が続けられた。北海道に上陸する敵は米軍ではなくむしろソ連軍であろう。北樺太のソ連軍は約二コ師団と判断されるが、ソ連軍の上陸作戦能力から見て、大部分は北樺太から陸路進攻するであろう。上陸作戦を行ってもそれは助攻であろう。日本軍は国境に既設陣地があり、国境地区の兵力は三コ大隊あるから、主力を北上させる余裕はあろう、ということなどが判断された。軍として、対米作戦を放棄して全力をもって樺太においてソ連軍に当たるべきか、一部で樺太南部を確保して主力をもって北海道においてソ連軍に当たるべきかなどの案が検討された。その決定に資するため、方面軍高級参謀安藤尚志大佐と参謀福井正勝少佐が樺太に派遣されることになった。

田熊方面軍参謀によると、方面軍防衛の重点は北海道にあり、樺太は前進陣地で、ソ連軍あるいは米軍が北海道本島に進攻しないという保証はない。樺太は大変だがしばらく様子を見ようということになり、第八十八師団主力による北方国境方面への反撃と在道兵力の増援も両参謀の報告待ちということになった。天候が悪く、両参謀は十一日豊原の師団司令部に到着したが、ソ連軍の行動は不活発で的確なことをつかむことができず、十二日上敷香の師団戦闘司令所に向かった。福井参謀の報告によって十三日国民義勇戦闘隊の編成が発令された。両参謀は、十三日上敷香において情報収集したがなお的確な資料を得ず、敵は八方山陣地を包囲した後、戦車部隊が急速に南下をはかる恐れが多く、気屯―上敷香間で敵の行動を妨害する諸準備の緊要なこと、また警備や老幼の早期引揚について指導した。

栗山松一敷香支庁長は、軍から状況を承知し、樺太庁長官の義勇戦闘隊編成命令を即刻下達し、自ら地区総隊長となって先頭に立ち、各町村長、警防団長、校長らはそれぞれの長となり、青少年らは要所の歩哨に立ち、あるいは古屯方面に駆けつけて第一線部隊を支援した。敷香は南樺太の最北端で、国境も町内であり、軍隊との関係も深く、国防観念も大変強かったのである。

第五方面軍唯一の航空部隊である第一飛行師団は、対米作戦第一、北海道本島重視によって、在樺太、千島の航空部隊を北海道本島に集中していたが、比島で失った戦力の再建途上にあり、出動可能機数は四四機に過ぎなかった。方面軍は関東軍との連絡がつかないまま、コムソモリスク以東を捜索地域として第一飛行師団に捜索を命じたが、編成早々の能力不足と天候不良によってほとんど捜索はできなかった。樺太の作戦に協力するため、飛行第五十四戦隊は十日落合への移動命令を受領し、準備を進めた。第八十八師団と連絡して戦場爆撃のための彼我（敵味方）識別法まで協定した。各飛行隊は樺太進出に努力し、ソ連軍大縦隊が国境方面路上に充満するという、大損害を与え得る状況もあったのであるが、天候不良のため好機に乗ずる機会は遂になかった。

大本営は九日早朝四時ころモスクワ放送によってソ連の宣戦を知り、関東軍からソ連軍進攻開始の報告を受け、関東軍総司令官と第五方面軍司令官に対し、とりあえず「全面的対ソ作戦の発動準備」を命じた。これを受けて第五方面軍が第八十八師団に対して下達した命令は、史料による正確な内容が明らかでないが、鈴木参謀長らの回想によると「積極的戦闘行動に出るな」というものであったという。その趣旨はそのまま師団命令として、歩兵第百二十五聯隊に下達された。

九日早朝のソ連軍進攻開始の報に続き、十一時〇二分長崎に二回目の原爆投下が行われた。東京では、あわただしく最高戦争指導会議、臨時閣議、御前会議が続いて開かれたが、焦点はポツダム宣言受諾問題であり、対ソ戦まで手も頭も回らない状態であった。十日早朝二時三十分「御聖断」によっていわゆる留保付のポツダム宣言受諾が決定され、六時四十五分以降受諾電が発電された。しかし、停戦手続きが決定するまで、ソ連軍の全面攻撃に対しては防衛作戦を行わなければならず、大本営は十日朝「対ソ全面作戦の開始」を命じた。

この命令に基づき、第五方面軍は同日第八十八師団に対し「積極的戦闘禁止を解除」する命令を下達した。この命令は第八十八師団司令部には届いたが、肝心の国境防衛部隊である歩兵第百二十五聯隊には届かなかった。実は、その前の「積極的戦闘行動禁止」の最初の命令が同聯隊の第一線中隊に下達されたのは、ソ連軍の本格的攻撃が行われている十二日のことであり、以後激戦を展開する第一線部隊に「積極的戦闘禁止を解除」の命令は最後まで届かなかった。鈴木参謀長は、このことが第一線の戦意を鈍らせ、戦いぶりにも影響を与えたと残念がっている。

ソ連軍の進攻計画

六月二十七日に決定された対日戦略基本構想に基づき、ソ連最高総司令部は七月二十八日各方面軍及び艦隊に正式に任務を付与した。第一期作戦の目的は満州にある関東軍の撃滅であり、このため圧倒的戦力を有する三コ方面軍を満州国境に集中した。最強最大の機械化部隊を有するザバイカル方面軍（エル・ヤ・マリノフスキー元帥）は西部から、強大な砲兵を擁する第一極東方面軍（カ・ア・メレツコフ元帥）は南東部からそれぞれ主打撃を行い、比較的兵力の少ない第二極東方面軍（エム・ア・プルカエフ大将）は北東部から補助打撃を加え、関東軍主力を中・南部満州に捕捉撃滅することになっていた。

南東部の第一極東方面軍と北東部の第二極東方面軍の作戦境界は、ハルビンからイマン北側を経てソヴエツカヤ・ガヴァニ南方二〇〇kmの日本海岸に達しており、その北方と東方は、樺太、カムチャツカ方面も第二極東方面軍の担当地域になっていた。満州正面に対しては攻撃任務が与えられたが、樺太正面及びカムチャツカ地区の部隊及び艦隊には防御任務が与えられ、併せて南樺太に対する攻撃準備と千島に対する上陸部隊の揚陸準備の任務が与えられていた。すなわちこれらの作戦は、満州の作戦の進展状況によって行う第二次作戦であった。

第二極東方面軍が南樺太攻撃に予定した部隊は第十六軍（エリ・ゲ・チェレミソフ少将）で、そのうち南樺太進攻に関係する部隊は次のとおりであった。

第十六軍

第五十六狙撃軍団（北樺太）

第七十九狙撃師団、第二・第五狙撃旅団（第五は北樺太オハ方面で防御）、独立サハリン機関銃連隊、第八十二独立機関銃狙撃中隊（間宮海峡で防御）、第二百十四戦車旅団、第百七十八・第六百七十八独立戦車大隊、第四百三十三砲兵連隊、第四百八十七榴弾砲連隊

第百十三狙撃旅団（ソヴエツカヤ・ガヴァニ）

これに対して空軍は第二百五十五混成飛行師団（一〇六機）が支援し、海軍は北太平洋艦隊（ヴェ・ア・アンドレエフ海軍中将）が協同することになっていた。満州方面の攻撃開始後も、これらの部隊は準備を整えつつ待機していた。ソヴエツカヤ・ガヴァニには北太平洋艦隊の参謀部や艦艇があり、第十六軍の第百十三狙撃旅団と第三百六十五独立海兵大

隊も防御配置についており、艦隊の航空部隊（八〇機）も基地の掩護に当たっていた。

十日二十二時、極東ソ連軍総司令部は第十六軍に対し「十一日十時樺太国境を越え、北太平洋艦隊と協同して八月二十五日までに南樺太を占領せよ」との命令を下達した。総司令部の計画は、第五十六狙撃軍団をもって古屯要塞地区の防御陣地を突破し、東部海岸沿いに豊原方向に急進し、恵須取及び真岡に上陸する部隊と連携して、日本軍樺太地区集団を撃滅するというものであった。

作戦は三期に分けられ、第一期（八月十一～十五日）は警戒地帯の突破と古屯地区の主防御地帯の突破準備、第二期（八月十六～十八日）は主防御地帯の突破を予定し、日本軍が南部から大兵力を北上させる場合には、西部海岸道遮断のため北太平洋艦隊に恵須取上陸作戦を行わせる予定であった。第三期（八月十九～二十五日）は、第二狙撃旅団が第二防御地帯を突破して南方に進撃し、真岡に上陸する北太平洋艦隊と連係して南部樺太地区を占領することになっていた。

国境正面の第五十六狙撃軍団は、第七十九狙撃師団（第百五十七・百六十五・百七十九狙撃連隊）、第二百十四戦車旅団及び軍団砲兵を第一梯隊、第二狙撃旅団を第二梯隊とし、第百七十八・六百七十八独立戦車大隊は軍団予備とした。第一梯隊は第一防御地帯の突破、第二梯隊は第二防御地帯の急速な占領が任務であった。

第七十九狙撃師団も二コ梯隊の部署をとり、第一梯隊は二コ狙撃連隊からなり、第百六十五狙撃連隊は中央軍道沿いに進撃し、第百七十九狙撃連隊は武意加を経て迂回し、日本軍主防御地帯の背後に進出、第二梯隊は第百五十七狙撃連隊で中央軍道沿いに続行することにした。砲兵、戦車、航空支援のいずれも中央軍道沿いに重点を形成し、砲兵、戦車とも歩兵の直接支援を重視した。攻撃準備の砲爆撃は、主防御地帯の突破直前にはじめて実施を予定した。工兵は戦車、砲兵の森林、湿地の通過を可能にする道路、橋梁の整備に当たった。

しかし、戦闘行動の準備時間が限定され、特に日本軍に関する情報が不十分なため、日本軍に戦車が皆無であることも知らない状態で、計画は極めて概括的で、具体性に欠けていたといわれる。

比較的正確と思われるヴェ・エヌ・バグロフの『南樺太及び千島作戦』は、次のような国境地区における両軍の兵力・装備の比較を掲げている。

部隊・装備	日本軍	ソ連軍	比率（日対ソ）
狙撃（歩兵）中隊	一〇	三七	一対　三・七
砲・迫	二八	二八二	一対一〇・〇

重機関銃	四二	一八〇	一対四・三
軽機関銃	九四	四五四	一対四・八
戦車	〇	九五	―
飛行機	〇	一〇〇	―

（註　砲・迫には四五ミリ砲、八二ミリ迫撃砲を含む）

北樺太に集結した第五十六狙撃軍団の部隊を指揮するために、第十六軍司令官を長とする軍司令部作戦班が設置された。第五十六狙撃軍団指揮所には第二百五十五混成飛行師団長や各兵科部隊長が位置し、各狙撃部隊指揮所（監視所）には飛行隊連絡将校、砲兵及び戦車部隊長らが位置し、円滑な調整を可能にした。軍団の各級指揮官の指揮所や監視所は攻撃開始前には、ソ連軍陣地の前縁まで推進された。軍司令部と第二極東方面軍司令部の間には無線通信が確保されていた。

　上陸作戦については、北太平洋艦隊が計画、実施することになっており、艦隊司令部は太平洋艦隊及び第二極東方面軍司令部とは確実な連絡を維持したが、第十六軍司令部との間には幕僚の派遣などが行われていなかったため、その連係については問題があった。

占守島国端崎灯台。13kmでソ連領ロパトカ岬である

占守島の丘陵地帯

占守島片岡湾から幌筵島を望む

占守島北西部、別飛湾

占守島北西部、別飛川河口部

幌筵島測候所

幌筵島中部、摺鉢湾

幌筵島北部、柏原湾

幌筵島北部、占守島に面する村上湾

幌筵島中部、塁山の海岸地形

国境方面の戦闘

主陣地前方の戦闘

開戦前日の八月八日、日の丸監視哨からは、ソ連側の動きが異常で、オノール付近では戦車が山陰に見えかくれし、高級指揮官用自動車が動きまわるのがよく見えた。知志代監視哨長の高島一正少尉からも「ソ連軍の動きが顕著で、対戦準備の必要大、確度甲」との連絡があり、日の丸監視哨長久慈庫男中尉はソ連軍の進攻を確信し、古屯の渡辺第二大隊長に報告した。

中央軍道正面

九日朝、国境線沿いの警備電話が各所で切断された。ソ連軍小部隊が既に越境して偵察行動を開始していたのである。七時三十分ころ武意加の警察官派出所は砲撃を受け、警察電話不通で、大部はその後方第八中隊の一コ小隊（岡島堅蔵少尉）の守る武意加陣地に後退した。この間に師団命令に基づき、歩兵第百二十五聯隊長小林大佐は、主力の八方山陣地への推進のほか、地区内の全軍隊、憲兵、警察の指揮権を受け、住民の指導、掩護、避難等の責任をも負い、極めて多忙な中に処置を進めていた。

九時十五分ころ日の丸第一号監視哨が二発砲撃を受けた。気屯にあった向地視察隊長大越鴻一大尉は直ちに進出し、監視哨を鼓舞激励して当面の情報連絡に当たった。午後十二時四十分ころから、半田警察に一時間にわたり砲撃が加えられた。この日朝の内は濃い霧、午後からは雨となり、ソ連軍機はほとんど行動しなかった。

十日は晴天となり、九時ころ以降ソ連軍機が飛来し、その数は延べ一七機と数えられた。一部が半田付近に投弾したが、損害はなかった。小林聯隊長は、第一大隊主力の進出にともない、軍道正面を同大隊の担任とし、半田をも同大隊の担任とした。第二大隊長渡部少佐は、聯隊命令によって半田に派遣している第八中隊に八方山南東の北極山への移動を命じ、従来の警備隊である泉沢小隊（小隊三五名、重機関銃一、速射砲一の一〇名属）には引き続き現任務を続行させ、第一大隊からの交替兵力到着後撤収するよう命令した。

半田は中央軍道沿いで最も国境近く（約四km）にある集落で、民家約一〇戸と国境警察隊（小野警部以下一八名）があった。付近一帯はツンドラ地帯で、西から東に流れる半田川の南方に軽掩蓋（口径の小さい火砲弾丸に耐える）をかぶった射撃施設が少しと、これに連接する交通壕によって陣地がつくられていた。半田川の河岸は戦車が上れない対戦車崖となるように改修されていた。

十一日零時過ぎ、第八中隊の撤収と入れ違いに第四中隊第一小隊（大国武夫少尉以下三四名、無線分隊八名属）が半田に到着した。泉沢小隊との交替がほぼ終わった十一日五時ころソ連軍の攻撃が開始され、大国小隊は直ちに応戦し、移動準備中であった泉沢小隊も急ぎ陣地について戦闘に加入した。警察隊も戦闘に参加した。二コ小隊と警察隊の反撃で、ソ連軍の攻撃はたちまち頓挫した。ソ連側戦史によると、この日早朝、ソ連第五十六狙撃軍団の攻撃前進が開始され、第七十九狙撃師団の重点正面である軍道沿いには先遣支隊として第百六十五狙撃連隊第二大隊が進出、正面攻撃によって半田陣地を占領しようとしたが、日本軍の猛烈な射撃によって前進が停止してしまった。聯隊長は全聯隊を展開しようとしたが、日本軍の濃密な火網に制圧されて身動きできず、やむを得ず防御に転じた。この状況を見た師団長は、先遣支隊をもって日本軍を牽制し、主力をもって迂回するよう命令した。

八時ころになると、ソ連軍は戦車をともない陣前に進出し、森林内を迂回しはじめ、特に軍道東側に向かっていると判断した泉沢少尉は、部下小隊を率いて出撃し、半田川北方三〇〇メートルに進出してソ連軍の右側背に向かい突入した。ソ連軍は一時圧倒されたように見えたが、日本軍も泉沢少尉以下七名を失い、残存者は陣地に復帰した。

ソ連軍は森林と湿地内に通路をつくりながら大迂回し、新たに二コ中隊を増強して両翼から攻撃を開始し、十七時ころには大国小隊（泉沢小隊の残存者を含む）をほぼ包囲するに至った。小隊は肉迫攻撃、挺進奇襲、射撃による阻止に努めたが、機関銃、速射砲は使用不能となり、無線分隊は陣地を越えて敵戦車が南下したことを生文《なまぶん》で報告した後、無線機を破壊して戦闘に加わった。軍道を南下したソ連戦車に対して、北斗山の山砲が射撃して数両を撃破して後退させた。

十一日は前日に続き快晴で、ソ連軍機は延五九機が戦場上空に飛来し、中央軍道上、八方山入口、半田付近に攻撃を加えた。

大国少尉は、夜間を利用し、赤間伍長以下五名を囲みを破って報告に出し、負傷者一三名を三回に分けて後方に離脱させ、防戦を続けたが、四周から近迫するソ連軍の攻撃の中で遂に戦死した。以後は第七中隊滝内正雄軍曹が指揮をとり、十二日零時ないし二時ころ南西方に向かい最後の突撃を行い、突破した残存者は十四日午後八方山に帰着した。ソ連側戦史は、十二日朝、三〇分間の攻撃準備射撃の後、スヴェテチュキー大尉の指揮する師団先遣支隊の正面と背後からの同時攻撃によって、投降を拒否した日本軍守備隊は全滅したとしているが、この大袈裟な攻撃は実質的には空振りであったと思われる。

半田の警察隊も奮戦したが、猛烈な砲火によって建物は炎上し、猛攻を支えることができず、十一日午後逐次半田を離脱南下して師走陣地に入り、のち再びソ連軍と戦いほとんど戦死した。

二コ小隊と警察隊合わせて約一〇〇名の兵力で、ソ連軍主力の前進を丸一昼夜にわたり阻止した半田の戦闘は、緒戦のソ連軍に大きな衝撃を与えた。ソ連側の戦史はいずれも、これを正面攻撃の失敗とし、野戦陣地とさして変わらない半田陣地を極めて強固な要塞のように描いている。一方日本軍側では、半田の戦闘は泉沢・大国両小隊の玉砕として、全軍に異様な感激を与え、士気を高揚させたのである。

半田陣地が陥落すると、中央軍道上の次の第一線陣地は師走川南側の師走陣地である。ソ連軍が前進を再開し、今まさに戦闘を交えようという同陣地守備の第四中隊に、第一大隊本部から意外な命令が届いた。八月九日の大本営命令に基づく方面軍命令の趣旨が、このような時機に次のような形で届いた。「国境外に出ることなく、あくまでも防御戦闘を行い、攻撃はなすべからず……」と。何事も積極、攻撃第一主義の陸軍においては、このような命令はかつて見聞したことがなく、これでは日本軍に戦う意志のないことを示したものであり、現地部隊としては解釈に苦しむところであった。その後出された「積極的戦闘禁止の解除」の命令が届かなかったので、第一線部隊は終始もやもやした気分の中で戦ったのである。

小林聯隊長は、歩兵砲大隊長木下義一大尉に、大隊長不在の第一大隊の指揮をとるよう命令した。歩兵約一コ大隊、戦車七~八両のソ連軍は、北方一kmの亜界川橋梁付近に展開した火砲数門の支援射撃のもとに、十二時ころ師走川北方七〇〇メートル付近から一斉に攻撃前進を開始した。師走陣地の第四中隊は、機関銃中隊、大隊砲小隊、速射砲中隊と共にこれを迎え撃ち、北斗山の山砲も有効な射撃を行い、ソ連軍の前進は再三阻止され、遂に亜界川以北に後退した。ソ連側戦史は単に、十二日日没までに日本軍防御陣地の前縁まで近迫できたとのみ記している。

越境偵察を繰り返していた日の丸監視哨正面のソ連軍は、十日夜第二号日の丸監視哨付近に侵入して来た。ソ連軍の攻撃を受ける前に、日の丸第一監視哨は十一日早朝三一四高地に、八の字監視哨は十二日昼ころ三五六高地に撤収した。日の丸監視哨の哨所を占領したソ連軍は十二日昼ころから夜まで三五六高地に対して攻撃を繰り返したが、向地視察隊藤岡孝一中尉以下の守備隊はすべて撃退し、同夜三一四高地の主力に合流した。十三日ソ連軍は日の丸監視哨方向から三一四高地を攻撃し、向地視察隊は再三これを撃退して終日戦闘が続いた。小林聯隊長は全般状況上、向地視察隊の撤収を命じ、同隊は十四日早朝北斗山に帰着した。

ソ連側戦史によると、山沿いのこの正面を攻撃したソ連軍は、トレグベンコ少佐の指揮する偵察隊（第百五十七狙撃連隊第七中隊と第百六十五狙撃連隊第三中隊基幹）であった。日本軍の激しい射撃で停止させられ、手持ちの兵力では突撃して拠点を奪取できないと判断した同少佐は、茂みに伏兵を置いて偽退却を行い、追撃して来た日本軍を腹背からの同時逆襲によって撃滅した。その際、古屯要塞地区の配備図を入手し、これを参考にして日本軍の各要塞を迂回して十三日に古屯南西方の二部集落に進出したと記している。

幌内川ツンドラ地帯方面

この方面に進攻したのは第百七十九狙撃聯隊基幹のソ連軍で、第二百八十四砲兵聯隊（一コ大隊欠）と戦車一コ大隊が増強されていた。

十一日十一時ころ、幌内川東方約八kmの知志代監視哨は約一コ中隊のソ連軍の攻撃を受けた。哨長高島一正少尉以下は武意加川南側台地に離脱し、知志代警察をも指揮下に入れ、幌内川沿いに南下して十七日ころ敷香に帰着した。

同じく十一日十四時ころ、武意加―古屯道上の九粁飯場（古屯から九kmにある）付近にソ連軍約一コ小隊が出現した。斥候の報告によりこれを承知した聯隊は、古屯にある山鹿輜重兵大隊に対して同地付近の警戒を強化するよう命じた。

十二日朝、武意加陣地（第八中隊岡島堅蔵少尉以下一コ小隊、武揚台ともいう）前面に約五

○名のソ連軍が進出した。この陣地は師団右翼の拠点として、一コ大隊基幹が守備するように作られたものであるが、兵力不足のため一コ小隊だけで守っていた。ソ連軍の行動は当初緩慢で、ときどき小火器の射撃を交える程度であった。

ソ連側戦史によると、第百七十九狙撃連隊基幹は幌内川岸沿いの小道を通って十二日早朝、無意加拠点の日本軍を不意急襲的に攻撃してこれを占領すると（筆者註　ここは軍隊のいる武意加陣地ではなく、武意加警察であって九日既に撤収済）、引き続き南方に向かって突破を続けた。しかし十五時、次の拠点に向かう道路上で、一八コの簡易火点（筆者註　岡島小隊の武意加陣地）から猛射を受けたため、連隊は長時間にわたって行動が停滞した。これを見た連隊長は、スミルヌィフ大尉の第三大隊をもって同拠点を抑留し、夜になるのを待って、連隊主力をもって湿地帯を隠密に通過して古屯に向かうよう決心した。十二日夜、武器、弾薬を両手にかざし、腰まで水につかりながら徹夜で歩き続けた連隊は、十三日朝方までに古屯駅に進出し、疲労をものともせず市街戦をいどむのである。

武意加陣地の岡島小隊は、ソ連軍の攻撃とほぼ同時に聯隊との通信が途絶したが、引き続き陣地を確保して任務を継続した。

東方ツンドラ地帯方面におけるソ連軍小部隊の出没に対し、亜界川橋梁及び石灰山軌道橋の爆破のため、小林聯隊長は十二日朝工兵隊を派遣したが、九粁飯場付近でソ連軍と遭遇して実行できなかった。

十二日朝、古屯には山鹿三郎大尉の輜重兵第二大隊（二コ中隊）、第三〇一特設警備工兵隊、豊原地区第七特設警備隊（敷香中学校、青年学校の生徒を含む）、警察一コ分隊、栗山組など土建関係作業員がいたが、戦闘部隊はいなかった。各隊はそれぞれに、陣地構築や糧秣運搬あるいは対空監視に当たっていた。憲兵が一部作業員を率いて道路阻絶に向かったが、東方から迂回進出するソ連軍の襲撃を受けて死傷者を出すようになり、軍隊以外のものには撤収命令が出され、気屯以南に後退した。

正午近く、古屯兵舎にソ連軍機の銃爆撃が行われ、東方でソ連軍の複葉機が地上との連絡に当たっているように低空を旋回しているのが見えた。山鹿大隊長は、斥候の報告で自動小銃を装備した約一コ大隊の敵が接近中と知り、この敵を撃退する決心をした。輜重兵第七中隊（武田一勇中尉）、憲兵、特務機関、向地視察隊の一部を古屯東側に、輜重兵第六中隊（田中重蔵中尉）を古屯南方に展開し十四時ころから古屯南方に進出して来たソ連軍に対して攻撃を開始した。輜重兵中隊は人数こそ三〇〇余名と多いが、装備は軽機関銃一、小銃二〇余で、大部分は木銃に帯剣をくくりつけたものを持つ有り様であった。

第六中隊の突撃は敵前至近に迫ったが、森林内からの自動小銃の射撃と後方からの砲撃で頓挫した。山鹿大隊長は十五時ころ部隊を古屯川の線まで後退させ、これを保持することにした。第六中隊は部隊をほとんど掌握できず、南方の気屯に後退した。古屯駅付近から進出したソ連軍は攻撃前進を続け、軍道を越えて機関銃隊兵舎に進出したが、古屯川から北には進出しなかった。

八方山の小林聯隊長は、十八時第三中隊から第一小隊を差し出させ、古屯方面のソ連軍を撃退する措置を講じた。またこの迂回行動に対処するため、気屯川と幌内川の合流点付近の幌内川橋及び気屯川橋の破壊を命じ、直ちに爆破された。聯隊では、古屯方面に進出したソ連軍は二コ小隊程度に過ぎないものと判断していたようである。ソ連側戦史によっても、十二日に進出したのは一部の小兵力であったようである。

山鹿輜重兵大隊が、人数は多いが装備劣弱のため撃退できなかったのであるが、古屯一号兵舎（大隊本部兵舎）方面を確保し、その後のソ連軍の行動を慎重にさせたものと認められる。

この日のソ連軍機の来襲は延二八機を数えた。

西海岸国境、安別の戦闘

西海岸国境に接した安別は、五〇戸ほどの漁村で、国境線から三km付近に炭鉱があるが、開戦時には従業員のほとんどが本州方面に移住して閉山状態であった。

軍隊としては安別派遣隊（歩兵第百二十五聯隊第六中隊、機関銃一コ小隊、無線一コ分隊、約一九〇名）が配置され、ほかに国境警察約五〇名、憲兵若干がおり、東方七kmのピレオ川河谷の国境近くに向地視察隊の安別監視隊（軍曹以下約三〇名）がいた。安別派遣隊の任務は、安別の守備及びピレオ川沿いに気屯方向に侵入する敵を阻止し、やむを得ない場合でも飛龍（安別南東二〇〇km余）を確保して聯隊主力の側背を掩護することであった。

八月八日夜から少数のソ連兵の越境があり、安別付近住民は派遣隊の緊急避難命令によって、十一日未明南方三〇余kmの西柵丹に避難を終わった。派遣隊に対しても、十日聯隊から気屯への転進が命じられた。派遣隊は十二日に漁船で出発してまず西柵丹に向かう計画で準備を始めた。その間に警官三名がソ連軍に拉致され、奪回に向かった派遣隊は反撃されて重傷三名を出し、奪回は失敗した。

派遣隊転進の直前、十二日三時ソ連艦艇三隻が沖合から炭鉱付近を砲撃し、脱出しようとした漁船一隻を撃沈した。間もなく陸上から越境攻撃、海上から上陸用舟艇数隻が発進した。派遣隊は警察隊を併せ指揮して反撃を加えたが、ピレオ河谷方面の守備を考えて十時ころから離脱を開始し、ソ連軍の追尾を受けることなく陸上を後退し、夜までに飛龍に到着して陣地を占領した。当時第六中隊長吉田重吉中尉は聯隊本部に召集されていて復帰できず、十日到着した向地視察隊の中山俊豪大尉が指揮をとり、ソ連軍の攻撃に備えて防備強化に努めた。ソ連軍は安別占領後、直ちに前進する様子はなかった。

安別から二〇km南方の沃内に避難した住民や在郷軍人が十四日飛龍に来着し、陣地の強化や食糧等の集積に協力した。同夜及び十六日夜にも派遣隊は安別に挺進奇襲を加えるなど、士気極めて旺盛であった。

他方面及び全般状況

八月九日午前零時ころに満州各正面で一斉に開始されたソ連軍の進攻は、おおむね順調に進展しているようであった。関東軍は国境地域で主な抵抗を行うのを取りやめ、はるかに後退した配備に転換する途中にソ連軍の奇襲進攻を受けたのである。満州方面でソ連軍が唯一防御態勢をとっていた北東部の孫呉正面も、樺太国境と同じく十一日から進攻を開始した。

既述のとおり、十日早朝、天皇の第一回目の「御聖断」によって、天皇の国家統治の大権に関する留保付のポツダム宣言受諾電が発電された。これに対して米国は直ちに日本が受け入れる可能性の高いいわゆるバーンズ回答を作成し、英中ソ三国の同意を求めた。

十日深夜から十一日早朝にかけてモスクワにおいて、モロトフ・ソ連外相とハリマン米大使の間に激しいやりとりがあった。モロトフは「天皇の国家統治の大権存続」という日本の留保に難癖をつけて一向に同意しない。やむなく一旦引き揚げたハリマンは、再びクレムリンに呼ばれ、モロトフは短い声明によって米国の回答案に一般的に同意しつつ、日本占領の連合国司令官の決定について拒否権を留保しようとしていた。その後の激しいやりとりの間に、モロトフはマッカーサー元帥と並んでワシレフスキー元帥を最高司令官に推そうとする。ハリマンは対日戦における米国の圧倒的貢献を理由にマッカーサーの単独責任制を主張し、再び物別れに終わった。ところがその直後にソ連側は自案を撤回してマッカーサーの指名にも同意した。恐らくスターリンの直接指示によったものであろう。

ハリマンは、もし複数司令官という言葉を受け入れていたら、ソ連は長い交渉の後に、マッカーサーに対する同意と引き換えに、北海道をソ連占領地域にするよう主張したであろうと回想している。日本の預かり知らぬところで、日本分割の最初の危機はなんとか回避されたようであった。

三国の同意をとりつけた米国は、直ちに「バーンズ回答」を発電し、十二日早朝サンフランシスコ放送によって日本側も内容を承知した。十二日付でスターリンはトルーマンに対し、連合国最高司令官としてマッカーサーを任命することに正式に同意し、マッカーサー司令部に派遣するソ連軍代表としてカ・エヌ・デレヴィヤンコ中将を任命したことを通知した。

主陣地の戦闘

中央軍道、師走陣地の戦闘

師走陣地は八方山陣地の右袖をなし、軍道が師走川を越えたところにあってソ連軍戦車の突進を直接阻止すべき位置にあった。しかし、ツンドラ地帯縁辺部のため、掘ればすぐ水が出るので堅固な陣地が作れず、対戦車火器をなるべく多く集め、地面上に土を集めて積み、若干の木材、セメントで補強したものであった。陣前の師走川橋梁は、戦車が乗ればただちに崩れ落ちるように仕掛けをしてあった。八月十二日のソ連軍の攻撃を撃退した第一大隊は、夜の間に陣地の強化に努めた。

ソ連軍は、日本軍主防御地帯に対して軍道正面から師団主力が、背後から第百七十九狙撃連隊と偵察隊（南西方の一部集落に進出したもの）が攻撃できる態勢ができ上がったと判断した。ソ連第五十六狙撃軍団長は、十三日朝、北方から第百六十五狙撃連隊、南方から第百七十九狙撃連隊をもって挟撃の態勢をとり、一気に主防御地帯を突破するよう決心した。

十三日早朝からソ連軍は師走陣地及び八方山に対し、一時間の攻撃準備射撃を加えた後、六時ころ攻撃を再開した。第百六十五狙撃連隊は第二百十四戦車旅団の協力のもとに師走陣地を攻撃した。連隊の先頭には増強一コ中隊の突撃班が行動し、日本軍簡易火点に対して勇敢な肉迫攻撃を行った。第一大隊はソ連軍の攻撃を再三にわたり撃退したが、ソ連軍の砲撃によって重火器、火砲はしばしば陣地変換しなければならなかった。

十三時ころ、ソ連軍戦車数両が軍道上から突破を企て、先頭戦車が師走川橋梁にさしかかった途端に橋もろとも河中に転落したが、後続戦車はこれを乗り越えて前進し、十四時ころ四両が遂に軍道上の第四中隊陣地に突入した。ソ連軍戦車には直接警戒の歩兵が随伴していて、日本軍の肉迫攻撃も容易に成功せず、速射砲が命中弾を浴びせたが音をたてるだけで貫徹できず、かえって戦車砲により破壊された。ソ連軍歩兵は師走川を渡り、東側から包囲するように攻撃して来た。大隊長代理木下大尉は、大隊主力をもって斬り込みを行って敵を撃退しようとしたが、小林聯隊長はこれを承認せず、十五時ころ師走陣地を離脱して北極山に後退し、これを確保するよう命令した。

第四中隊は、軍道上を分断されて混戦乱闘の状態にあったが、命によって各隊は当面の敵と交戦しつつ北極山に向かった。激闘の中で、第四中隊長飛島清一中尉、速射砲中隊長柿崎正一中尉、大隊砲小隊長古山宗徳少尉らが戦死した。軍道東側にあった第四中隊第二小隊は東に離脱し、東軍道神無川南側陣地の第一中隊の一コ小隊と合流した。両小隊は八方山に向かおうとしたが、各所でソ連軍と遭遇し、十五日未明古屯に至った。

軍道上の日本軍が大きな損害を受け、主陣地の第一線を破られたのであるが、第四中隊基幹の日本軍の奮戦は、ソ連軍の攻撃続行を中止させた。ソ連側戦史は、森林、山地を利用した永久築城組織に托している日本軍が頑強な抵抗を示したため、十三日夕刻、第百六十五狙撃連隊は数百メートルの前進をみたままやむを得ず防御に転移することになったと記している。

ソ連軍の努力は中央軍道上に集中し、八方山正面に対して本格的な攻撃はなかった。十四日九時過ぎ第二大隊右第一線の第七中隊正面に一部のソ連軍が進出して来たが、交戦することなく後退した。十一時ころ、約一コ小隊のソ連軍が再び前進して来たが、これも夕刻までに撃退した。八方山主陣地前方二㎞の半月台に残っていた第八中隊の一コ分隊は、攻撃を受けて主陣地に撤退した。北極山に侵入して来た若干のソ連軍も撃退された。左第一線の第三大隊正面には、十四日もまだソ連軍の影も見えなかった。八方山東方の中央軍道付近に砲列を敷いたソ連軍は十四日断続的に八方山、北極山に砲撃を加えたが、戦況に大きな変化はなかった。

古屯付近の戦闘

東方ツンドラ地帯を迂回したソ連第百七十九狙撃連隊の先頭部隊が十二日古屯駅方面に出現し、所在の輜重兵大隊の十二日の攻撃は失敗した。ソ連側戦史は、第百七十九狙撃連隊の主力（二コ大隊の携帯火器の徒歩兵主体）は、十三日朝古屯駅付近に進出し、直ちに激しい戦闘を行ったように記しているが、前日の輜重兵大隊の攻撃の効果か、この日の行動はそれほど活発ではなかった。

小林連隊長の命によって派遣された第三中隊第一小隊（機関銃二を属す）は、十三日未明、古屯に到着し、幌見峠を占領していた少数のソ連軍を駆逐してその守備を向地視察隊の一部に委ね、古屯橋北側で守備についた。その位置から、三〇〇～四〇〇と判断されるソ連軍兵士の姿が、古屯駅から集落の西方にわたる台上に散見された。連隊本部から派遣された連隊副官油谷由夫大尉が現地を見た結果からも、八方山主陣地に対する攻撃状況からも、連隊長は古屯のソ連軍はごく少数のものと判断した。

小林連隊長は、万一のため、とりあえず第三中隊第二小隊を古屯に増加するとともに、気屯にある第二中隊、第十二中隊（北知床から到着）及び下士官候補者教育隊に対して、古屯のソ連軍を撃退した後八方山に追及するよう命令した。また、上敷香から進出した筑紫師団参謀は輜重兵大隊に対して、三カ月分の糧秣を八方山に前送した後、豊原の主力に復帰するよう命令を伝達した。輜重兵大隊は、第三百一特設警備工兵隊とともに弾薬、糧食の前送準備を行い、一部は夕暮出発して八方山に向かい、同地の守備は向地視察隊吉村中尉が担任した。

十三日二十一時、北海道に出張していた第一大隊長小林貞治少佐が古屯を通過して八方山に到着し、木下大尉と大隊の指揮を交替した。聯隊本部の古屯方面に対する心配の必要は薄れたように見えた。先に気屯に後退した輜重兵第六中隊長田中中尉以下も、トラック二両に弾薬、糧食を積んで十四日未明古屯に復帰した。

第二中隊長黒田武夫中尉指揮のもとに、十四日零時気屯を出発した第二・第十二中隊、下士官候補者教育隊は、二時ころ古屯駅南方二〜三kmに進出した。一方、南北から挟撃するというソ連軍団長の決心にかかわらず、十三日日中不活発であった古屯駅方面のソ連軍は、夜に入ってからしだいに北方、西方に進出し、十四日早朝から古屯橋北側を守備する第三中隊第一・第二小隊に射撃を加えつつあった。黒田中尉以下の部隊は、北西から南東方向に第二中隊、下士官候補者教育隊、第十二中隊を展開し、十四日夜明け後朝霧が薄らぐとともに古屯駅方向に向かって求心的に攻撃前進を開始した。敵前六〇〜七〇メートルに近迫してまさに突撃を開始しようとした時、突然猛烈な弾幕に覆われ一瞬にして突撃は頓挫し、第十二中隊長佐竹正蔵中尉は戦死した。各隊が態勢整理して攻撃発起位置で再度の攻撃を準備中、十時ころ戦車三両を伴うソ連軍が第二中隊の左側面を攻撃したため、さらに後退して十四日の攻撃は不可能となり、十五日の攻撃再興を期したが混乱のため準備ができず、それぞれ気屯に後退してしまった。

この攻撃が不成功に終わったことを知った小林聯隊長は、この敵を捨て置くことはできないと考え、北海道から復帰したばかりの小林少佐に第一大隊主力をもって古屯の守備を固めさせることにした。同時に北極山守備のため、第一中隊を残置させ、これを第二大隊長の指揮下に入れた。従って、第一大隊主力とはいっても、第一中隊を残置し、第二中隊は十三日の攻撃で痛手を受けて気屯に後退し、第四中隊は師走台の戦闘で主力が失われ、大隊長の手元にある兵力は実勢力一コ中隊に満たないものであった。古屯にあった第三中隊第一・第二小隊は古屯西側の森林内に圧迫され、第二・第十二中隊の一部とともに気屯に後退してしまった。

小林大隊長は十四日午後古屯に進出し、同地に残っていた憲兵、輜重兵大隊の一部を掌握して古屯の一号兵舎及びその北側に配置し、日没までに一応配備を終わった。

実はソ連側においても、この時期は非常に苦境にあると感じられていた。日本側は十二日の輜重兵大隊による攻撃、十三日の第二・第十二中隊等の攻撃はいずれも失敗とのみ考えたが、ツンドラ地帯の湿地の中をやっとのことで進出した携帯兵器主体のソ連軍にとっては、矢継ぎ早の攻撃による大変な圧力だったのである。

ソ連側戦史によると、

第百七十九狙撃連隊の二コ大隊は古屯で激戦中であった。日本軍司令部は古屯確保の必要性を十分に感じてたえず反撃を繰り返し、第二防御地帯（気屯）や同連隊第三大隊が抑留していた（武意加南方の）拠点からここに兵力を集めてきた。第三大隊長スミルヌイ大尉は、抑留していた拠点を攻撃することを決心し、激戦の末これを占領した後、このころ既に日本軍の重囲下にあった連隊主力に追及して来た。日本軍の包囲網をうまく突破した第三大隊は連隊主力に合流して円陣防御に加わった。

日本軍主防御地帯を一気に突破することに失敗した原因についてソ連側は次のように記している。

日本軍防御陣地の前縁に第七十九狙撃師団の主要兵力を結集できなかった。十三日の攻撃に実際に参加した部隊は、少数の砲兵、戦車に支援された第百六十五狙撃連隊だけで、日本軍守備隊六、〇〇〇名（筆者註　実際には三、〇〇〇名程度）は堅固な永久築城に拠っていた。

天候が引き続き悪く、聯隊は飛行機の支援を受けることができなかった。戦車と砲兵の大部分は、後方に残されたままであった。部隊の工兵が僅少であったため、第百五十七狙撃連隊（師団の第二梯隊）が戦車や砲兵の前進を援助しなければならなかった。突破時の攻撃準備射撃はわずかな火砲しか参加せず、しかも敵の防御組織が解明されていなかったため、地域射撃を行っただけで、それほど効果をあげることができなかった。東方から迂回して古屯付近に進出した第百七十九狙撃聯隊は、任務を遂行するどころか、日本軍の重囲の中で気息奄々としていた。

ソ連軍は十四～十五日の間、古屯北方の日本軍拠点に対する突破準備を進め、攻撃発起位置を改善し、ソ連軍の後方で分断されている日本軍のグループを一掃する目的で戦闘が行われた。

歩兵第百二十五聯隊は、「積極的戦闘禁止」の命令に基づき、専ら専守防御の戦闘指導を行って来たが、わずかに積極的行動として一部による挺進奇襲を行った。その効果についてソ連側戦史は、……半田川の線は突破できたが、敵はその後も道路の両側に少人数の伏兵を配置し、茂みや樹木の陰から奇襲射撃を加え、地雷を敷設するなどあらゆる手段をつくしてソ連軍の前進を妨害した。このため縦貫道（中央軍道）からの第七十九狙撃師団主力の進撃速度は著しく低下し、十五日夕まで、幌見峠の敵主陣地全面に主力を結集することができなかった、と述べている。

ソ連軍はまた十三日、西海岸の恵須取方面に威力偵察を行い、日本側は舟艇を撃退して上陸企図を破砕したとみたが、将来さらに本格的上陸作戦の実施が予想された。

上級部隊の措置及び全般状況

歩兵第百二十五聯隊の防御戦闘と同時に、ソ連軍の南下阻止のため交通路の阻絶準備等を急ぐ必要があった。十日に上敷香に進出した筑紫師団参謀は、後方地域の阻絶準備のため、次のように処置した。敷香で特設警備第三百五十三大隊の中隊長北山長市郎大尉に、ソ連軍戦車の前進妨害のため気屯—上敷香間において、道路上に材木を並べ、橋梁、鉄道の破壊準備を命じた。内路にあった第三百一特設警備工兵隊を古屯及び八方山に各半数を派遣し、築城とくに障害物構築に当たらせた。敷香の樺太地区第七特設警備隊も古屯付近に派遣されて警備と諸作業にあたった。

豊原の師団司令部は、十二日ころ、歩兵第二十五聯隊から一コ中隊の上敷香派遣を措置し、ソ連軍戦車の南下対処のため工兵第八十八聯隊から爆破作業隊を編成して、国境から豊原までの間の重要鉄橋、道路橋を爆破するよう命令した。歩兵第二十五聯隊第十中隊は十三日出発、十四日夜上敷香に到着して筑紫参謀の指揮下に入った。工兵第八十八聯隊は

第一中隊の一部及び第二中隊（柴田三郎大尉）主力及び上敷香の初年兵教育隊の一部をもって爆破作業を担任させることとし、十三日朝先発隊を大泊から北上させた。

豊原から北上して十三日上敷香の師団戦闘司令所に到着した方面軍の安藤、福井両参謀は、諸情報から次のように判断した。

敵は八方山を包囲する公算が大きい。しかも、敵が古屯方面に溢出してきた場合、日本軍の兵力装備では、これを突破して八方山と連係をとるのは困難であろう。八方山が孤立したら、ソ連軍は直路南下して豊原に向かうであろう。これは、日本軍防御の瓦解を意味する。このため、敷香以北の地域において極力ソ連軍の南下を阻止して、その間に邦人を南に避難させる必要がある。敷香付近には軍隊の配置がないので、官民による警備が必要である。

この十三日に、樺太に国民義勇戦闘隊編成が下令された。福井参謀は敷香支庁に赴き、前記の判断を説明し、町内の要所に歩哨を立てることを要請した。これまでのソ連軍の比較的慎重な動きからみて、わずかでも歩哨が立って警戒していれば、ソ連軍は一挙に突進せず時間を稼げると見たのである。栗山松一敷香支庁長はこれに同意し、支庁等の職員、警防団、中学生らが動員されて、ありあわせの日本刀、竹槍、木銃、猟銃などを持って町内要所の警備に当たった。

上敷香以北では筑紫参謀の指導によって、特設警備隊、地区特設警備隊、在郷軍人、義勇隊などが要所の警戒に当たった。戦場真近の永井集落の義勇隊は十四日気屯に撤収を命じられ、気屯の飛行場の警戒に当たった。

この間に住民の緊急避難措置も実施された。福井参謀は警備措置について官民の協力を得た後、樺太地区鉄道司令部敷香分遣隊に命じ、全車両を南に向けて待機させ、老幼婦女子の集合を呼びかけ、数時間後には豊原に向けて第一列車が出発した。

工兵第八十八聯隊の爆破作業隊主力は十四日午後上敷香に到着、筑紫師団参謀の連絡を受け、古屯からの最終列車の気屯川通過後、十七時同河の鉄橋と軍道上の気屯橋を爆破した。以後主要な橋梁を次々と爆破しながら南下し、またこの間に、気屯、初問《ショトイ》、敷香の飛行場滑走路と誘導路を爆破し、内路と塔路飛行場の破壊準備を行った。

第五方面軍は、現地に派遣した安藤、福井両参謀の報告に基づき、十二日道北守備の第四十二師団から一部を西能登呂岬に派遣し、同地の歩兵第二十五聯隊第二大隊を第八十八師団に復帰させる措置をとり、第一飛行師団の対ソ作戦起用を決定した。

さらに第五方面軍司令官は、第八十八師団に兵力を増強して、師団長に決心の自由を得させることにした。十三日、道東守備の第七師団から歩兵三コ大隊、砲兵一コ大隊を基幹とする支隊を樺太南部地区に急派するよう命令し、既述のように樺太に義勇召集の実施を発令した。また西海岸の恵須取方面における軍官民を統一指揮するため、北部軍管区教育隊の吉野貞吾少佐の樺太派遣を命じた。恵須取方面にソ連軍の上陸の可能性があるのに、この方面の警備は在郷軍人主体で混乱しており、第八十八師団にはこれをまとめる適任者がいないため方面軍が処置したのである。吉野少佐はロシア語も堪能で、剣道の達人であり、このような状況に十分対処できる人は彼を置いて他になかったのである。

第一飛行師団は、参謀長成田貢大佐と参謀高橋義雄少佐を再度豊原に派遣し、十四日第八十八師団と連絡し、同日飛行第五十四戦隊が札幌を飛び立った。しかし、悪天候に阻まれて飛行戦隊は宗谷海峡を越えることができなかった。飛行第三十二戦隊もほぼ同様であった。

第七師団長鯉登行一中将は師団主力をあげて出動を準備することに決し、研究と準備に着手するとともに、十四日とりあえず歩兵第二十六・第二十七聯隊から各一コ大隊の出動を命令した。

十四日朝、敷香から豊原に帰着した安藤、福井両方面軍参謀は、第八十八師団司令部において対策を検討し、師団は国境方面のソ連軍に対して攻勢をとり、これを各個に撃破することに意見が一致した。そこで安藤参謀から、在道地上兵力の増援、第一飛行師団の作戦協力の意見具申を方面軍に打電した。方面軍はこれに先立ち、これに沿った処置を行っていたわけである。また福井参謀は、「樺太のソ連軍兵力は一コ師団半であり、そのほぼ全力が南下している。北樺太にはまず兵力皆無であろう。よって我としては乾坤一擲北樺太に逆上陸を行い、もってソ連軍を撃滅すべきである」と提案し、安藤参謀の同意を得た。

十四日夕刻、両参謀の札幌帰着とともに、方面軍司令部において直ちに作戦会議が開かれ、ソ連軍に対して攻勢をとる方針が決定された。福井参謀が発案した北樺太逆上陸案も方面軍司令官が同意した。逆上陸案の骨子は、既に準備中の樺太南部地区への増強とは別に、第七師団の歩兵一コ聯隊基幹の兵力をもって八月十五日夜稚内を出撃させ、十六日未明北樺太に上陸を敢行する。第一飛行師団はこれに協力するというものであった。

ところが、この時には既に終戦が確定していたのである。十二日に受領した「バーンズ回答」をめぐり、最高戦争指導会議では再照会論が強く主張されて結論が出なかったが、十四日十一時ころ天皇の二回目の「御聖断」によってポツダム宣言の条項受諾が確定した。同夜二十三時詔書発布と同時に、受諾通告が発電された。方面軍司令官に対しては、十八時発電の陸軍大臣、参謀総長連名の機密電によって、既に「御聖断」が下ったこと、これに従い政府、大本営は具体的処理を進めるが、停戦に関する大命が発せられるまでは依然従来の任務を続行するよう通知された。

かくして、樺太への増援及び北樺太への逆上陸作戦は、すべて中止されたのである。

自衛戦闘の継続

全般情勢

日本のポツダム宣言正式受諾にともない、十五日朝マッカーサー元帥は太平洋の全米軍に対して日本軍に対する戦闘行動停止を命令し、同日正午をもって米軍の攻撃は一切停止した。同正午、天皇の終戦に関する「玉音放送」が行われ、大本営の処置は遅れがちではあったが、同日夜「積極進攻作戦中止」を、翌十六日午後「即時戦闘行動停止」を命令した。

第五方面軍においても、樺太方面への増援等はすべて中止され、方面軍司令官は全将兵に対して、軽挙妄動することなく軍紀、風紀を正して各部隊長以下一糸乱れぬ行動に出て、内外に日本武士道の真髄を発揮するよう訓示を示達し、自重を要望した。

第八十八師団においても、方面軍からの連絡を受け、十五日正午の玉音放送と引き続き首相謹話や解説を聞き、同夜陸軍大臣、参謀総長の訓示とともに終戦に関する方面軍命令を受領した。師団は官民の主要な人を集めて全般状況を説明し、樺太庁にまず若い女性の優先引き揚げを要請した。次いで十六日朝、各部隊から聯隊副官またはこれに準ずる命令受領者を集め陸軍大臣、参謀総長の訓示を伝達し、終戦に関する師団命令を下達した。命令の内容は陣地撤収、分散した部隊の集結、武装解除、特設警備隊、地区特設警備隊、義勇戦闘隊等の解散、一部兵員の召集解除、軍旗の処置など前例のないことばかりであった。戦闘中で連絡のとれない歩兵第百二十五聯隊に対しては三組の伝令が派遣され、敵中を突破した一組が十七日ようやく八方山にたどりつき師団命令を伝達した。

ところが、ソ連軍は攻撃をやめるどころか拡大するのである。ソ連は十五日、アントノフ参謀総長の談話として、日本の申し入れは単なる一般宣言に過ぎず、停戦命令はまだ出ておらず、日本軍がまだ抵抗を続けているとの理由で、攻撃を続行することを声明した。ソ連には継戦の必要があったのである。この時点で、満州方面ではかなり作戦が進展したとはいえ中・南満要地を含む大部分は手つかず、樺太では国境を越えたばかりのところで阻止されていたし、千島にはまだ一歩も足を踏み入れていなかったからである。

しかし、この時に激しい戦闘を行っていたのは満州のいくつかの正面と、樺太の国境正面だけであり、これらの地域では、命令の届くのが遅れた一部を除き十八日ころにはほぼ停戦した。そしてソ連の継戦声明の時点でソ連軍が到達しておらず、したがって日本軍の抵抗も戦闘も全く起こっていなかった樺太西岸と千島において新たな激しい戦闘が起こることになる。

マッカーサー元帥が、在モスクワの米軍事使節団長ディーン少将を通じて、ソ連軍統帥部に攻撃停止を調整したが、アントノフ参謀総長は「日本軍に対してソ連軍が軍事行動を停止するか否かは、ソ連軍最高総司令官によってしか決定され得ない」ととり合わなかった。

日本のポツダム宣言受諾が確認された十五日に、極東ソ連軍総司令官ワシレフスキー元帥は、第二極東方面軍及び太平洋艦隊に対して、樺太西岸の真岡への上陸及び千島列島北部占領の準備及び実施を命令したのである。

同じ十五日に、トルーマン大統領はスターリン首相に対して、降伏の細目に関して日本に与える一般命令第一号を決済した旨とその内容を通知した。その眼目は、日本軍の降伏受け入れの各国担任地域の割り当てであり、それは実質的な占領地域を意味していた。ソ連の担任地域には、満州、北緯三八度以北の朝鮮及び南樺太は含まれていたが、千島列島には触れられていなかった。

スターリンは直ちに十六日、トルーマンに書簡を送り、ソ連軍に対して日本軍が降伏すべき地域にヤルタの決定に基づき千島列島全部を含めること、さらに釧路市と留萌市を結ぶ線以北の北海道北半分を同地域に含める新たな要求を加え、この第二の提案は日本のシベリア出兵に対する報復であり、これらの控えめな希望に反対しないよう望んだ。

上敷香兵営での歩兵第25聯隊の軍旗祭

樺太国境警備の警察隊

十六日朝、樺太西岸の塔路にソ連軍が上陸し、新たな戦闘が発生した。同日午後、第五方面軍は第八十八師団に対して自衛戦闘を行い、南樺太を死守せよと命令した。ソ連軍は樺太南部の大泊に軍隊を集中して北海道への前進を準備するであろう、満州方面からの兵力転用もあり得るという判断であった。この判断は後から見て真に的確なものであった。そして北海道本島の防衛のため樺太で頑張るというのも、有力な行動方針といえよう。

この方面軍命令を受領した第八十八師団としては、一度停戦に向かいかけたところに、再び戦って南樺太を死守といわれて困惑したが、急ぎ各部隊に再武装を行い陣地を占領するよう命令した。航空及び海軍の協力もなく、自由な作戦は望み得ないので、勝利を求めぬ各地区ごとの防衛行動にとどまらざるを得なかった。

古屯、幌見峠方面の攻防

八月十三日夕一旦攻撃を中止したソ連軍は、十六日の本格的攻撃再開をめざして準備を進めた。古屯方面に進出したソ連第百七十九狙撃連隊基幹は、攻撃発起の態勢改善のため十五日早朝から古屯一号兵舎付近の日本軍に対し、今までになく激しい攻撃を開始した。

十五日九時ころ、古屯の防御に当たっている小林第一大隊長は、しだいに包囲圧迫される状況を打開するため、専守防御から反撃に転じようとしたが、この企図を聞いた聯隊長は、奮闘努力、極力持久して敵に出血を与えることを命じ、斬り込みは時期尚早として承認しなかった。兵舎南側陣地では第三中隊長横田中尉が第四中隊の生存者を併せ指揮し、聯隊砲一門（上村伍長の分隊）と協力して古屯集落方面から猛攻を加えるソ連軍に多大の損害を与え、聯隊砲分隊は九時ころまでに戦車七両を擱挫したと報告された。一号兵舎北西側では向地視察隊吉村中尉以下が奮戦した。正午ころから戦闘はますます苛烈となり、死傷者続出して十四時横田中尉は戦死した。一号兵舎周辺はソ連軍戦車の往来が激しく、歩兵がしだいに浸透して来たが、日本軍は反撃してこれを撃退し、夜に入った。

この激戦の間隙を縫って山鹿輜重兵大隊は八方山に撤収した。八方山陣地正面の十五日の戦況は閑散であった。

ソ連側戦史によると、当時の状況は次のようになっている。

日本軍統帥部は、要塞地区最大の脅威が北から南下することを知って、第百七十九狙撃連隊を包囲していた攻撃の手をゆるめてしまった（筆者註　日本側も反撃が次々と失敗し、包囲されつつあると感じていた）。この機に乗じた連隊は八月十五日日没までに古屯集落を完全に占領した。一方西側山中を迂回南下したソ連軍偵察隊は、飛行機で弾薬を投下してもらい、襲撃によって二部集落を占領した。

十五日日没には、古屯要塞地区主防御地帯の突破準備が完了した。

第五十六狙撃軍団長の決心は、航空及び砲兵の攻撃準備射撃の後、第七十九狙撃師団をもって主攻を幌見峠方向に指向し、同地を占領して日本軍を分断撃滅するというものであった。第二狙撃旅団（軍団第二梯隊）、第百七十八・第六百七十八独立戦車大隊（軍団の戦車予備）は、戦果拡張の任務を予定して半田付近に集結した。

第七十九狙撃師団長は、十六日早朝、攻撃準備射撃の後、師団主力をもって北方から、第百七十九狙撃連隊をもって南方から幌見峠方向に攻撃して同地を占領するに決し、次のように部署した。

第百七十九狙撃連隊（第二百八十四砲兵連隊第一・第三大隊、第二百十四　戦車旅団の一コ大隊を配属）は南から幌見峠を攻撃して同地を占領する。狙撃一コ中隊をもって古屯―気屯道と鉄道を扼して日本軍予備隊の北上を阻止する。

第百六十五狙撃連隊は主力をもって幌見峠方向に攻撃して同地を占領する。第三大隊をもって北極山及び七星山を攻撃させ、第百五十七狙撃連隊第一大隊と調整して同地及び八方山の敵守備隊を包囲撃滅する。

第百五十七狙撃連隊は第一大隊をもって八方山を攻撃し、第百六十五狙撃連隊第三大隊と調整して同地及び北極山、七星山の敵守備隊を撃滅する。第二・第三大隊は師団予備。

偵察隊（狙撃二コ中隊）は二部集落を固守、七星山及び北極山の攻撃を準備する。

各狙撃連隊の戦闘部署は一コ梯隊で編成する。

歩兵と戦車の協同要領は、歩兵は戦車の前方を前進して、日本軍の対戦車肉迫攻撃兵に対処し、障害処理と進路啓開に当たる。突撃班は第一線の前方で行動して陣地前縁の目標を攻撃し、陣内で発見した火点に対しては連隊の予備突撃班が処理する。各突撃班は、狙撃一コ小隊、工兵一コ分隊、対戦車銃一コ小隊、戦車二からなっていた。戦車は縦隊のまま第一線の後方を前進し、直接照準による各火点の銃眼射撃によって歩兵の前進を掩護する。

砲兵運用については、主攻正面は軍団砲兵司令官が直轄運用し、四五ミリ砲、八二ミリ迫撃砲を含めて二一三門の火砲が集中された。別に師団砲兵群に二コ連隊、各狙撃連隊には固有の砲兵群が編成されていた。

航空部隊の任務は攻撃準備間は臨機目標の銃爆撃、攻撃開始後は小グループで行動し、司令部が直接指示する特定目標に限定された。

第五十六狙撃軍団の指揮所は半田に開設され、第十六軍司令部作戦班や第二百五十五混成飛行師団長もここに位置した。

八月十六日未明、小林大隊は古屯一号兵舎地区から出て、兵舎北側の疎林内に円形に陣地を占領した。陣地の直径は約二〇〇メートル余、残存した将兵各々たこつぼを掘り、赤いツンドラ地帯の水に胸まで浸りながら周囲の敵と対峙した。

ソ連側戦史によると、十六日九時、砲兵及び航空の一時間にわたる攻撃準備射撃の後、第七十九狙撃師団の諸部隊は日本軍の主防御地帯を正面と背後から同時に攻撃したとなっているが、古屯の小林大隊の陣地に対しては、夜明けから砲兵、戦車が砲撃し、飛行機が銃爆撃を繰り返した。

十一時ころからソ連軍の砲火はますます熾烈となり、戦車数両が何度も南方東方から陣前に迫った。聯隊砲が反撃して一～二両を擱挫または撃破したが、ソ連軍は四周から近迫して死傷者相次ぎ、十三時大隊長は各隊正面の敵弱点に対し逆襲を命じた。小林大隊長は自らも戦死傷者の小銃を持ち、機関銃、大隊砲、速射砲の主力を率い北西側の敵に斬り込みを敢行し、この敵は狼狽して北方に四散した。大隊長は部下の掌握を命じ、一号兵舎指揮所への帰途、東方から進出した新たな有力な敵と遭遇し、直ちにこの敵に斬り込みを命じた。第一機関銃中隊長濱田富士隆中尉は、果敢に斬り込みを敢行し、正面を突破してその背後を衝いたが、敵弾を受けて遂に戦死した。

この間にしだいに紛戦となり、十四時三十分小林大隊長は頭部に敵弾を受けて戦死、副官岩見三郎少尉も胸部に敵弾を受けて戦死した。

激戦の間、大隊長は予め九時三十分ころ向地視察隊吉村中尉に対し、機密書類と重要書類を携行させ、状況報告のために同日夜暗を利用して八方山聯隊本部に復帰するよう命じていた。吉川主計中尉以下各隊の残存者は所在の敵に斬り込みを敢行し、生存者は十七日八方山に到着した。こうして古屯地区は十六日夕遂にソ連軍の手に落ちた。

幌見峠を目標としたソ連軍の攻撃について、ソ連側戦史は次のように記している。

激烈な戦闘が展開され、日本軍は再三逆襲に転じたがそのつど失敗に終わった。激しい敵の抵抗を克服したソ連軍部隊は、一寸刻みに幌見峠を奪取して行った。砲兵や飛行機による攻撃準備射撃だけではまだ効果不十分で、多数の敵火点が制圧されないままであった。視界不良の森林のため射弾修正は困難を極めた。飛行隊も同様で、限られた好天をみはからって、しかも主として地域爆撃となった。

攻撃準備射撃が貧弱であったため、突破速度が遅くなった。十六日一杯で要塞主防御地帯の突破に決着をつけようとし、峠正面の狭い地域では猛烈な死闘が繰り広げられた。第百六十五狙撃連隊は、第二百十四戦車旅団の二コ大隊の支援のもとに、日本軍の鉄筋コンクリート製術工物一六を破壊して、幌見峠北側斜面を丸一日目に占領した。第百七十九狙撃連隊は戦車一コ大隊の支援のもとに、古屯北方の拠点を撃破して、北方から攻撃中の第百六十五狙撃連隊の諸隊と合流した。

　これらのソ連側の記述には疑問が多い。たしかに南方から古屯地区を攻撃した第百七十九狙撃連隊基幹は、先に見たように、極めて弱小兵力にもかかわらず奮戦した小林大隊との間に激戦を展開した。しかし、北方から攻撃した第百六十五狙撃連隊基幹の前には、直接配備した日本軍はほとんどいなかったのである。幌見峠の鉄筋コンクリート術工物等の本陣地には、本戦闘間ほとんど配兵されていない。八方山陣地の一部に当たったソ連軍部隊は次に見るように交戦するが、軍道正面には日本軍は八方山陣地から砲撃を加えるだけで、ソ連軍は師走陣地の戦闘や、日本軍の一部の挺進奇襲によって、ソ連軍が自らがつくりだした幻影、ほとんど配兵のない陣地に激しい攻撃を加えたことになる。

　八方山北側方面では、十六日七時ころと十二時ころの二回、少数のソ連軍が右第一線の第七中隊正面に侵入したが、いずれも撃退した。軍道上のソ連軍に対する山砲の射撃は相当の効果があった。左第一線の第三大隊正面は閑散で、少数の斥候が出没する程度であった。

　八方山南側の北極山、七星山正面では一部の激戦があった。十六日八時二十分ころ約一コ中隊のソ連軍が砲兵支援のもとに攻撃して来た。第一中隊は急いで南面に向きを変えて応戦したが、既設陣地がないため死傷者が続出した。十四時ソ連軍は兵力を増強して近迫し、一地に止まって戦闘する不利を察した歩兵砲大隊長木下義一大尉と第一中隊長鈴木豊中尉は独断出撃を決心し、陣地にある小銃、大隊砲、擲弾筒の急襲火力を発揮させ、一コ小隊を率い陣頭に立って手榴弾を投げつつ敵の左翼に突入した。

敵は極度に狼狽し左翼はたちまち逃走したが、敵右翼は射向を転じ、七星山東側に増加した迫撃砲の射弾も突入部隊に落下し、木下大尉、鈴木中尉相次いで戦死し、一旦敵の左翼に進出した突入部隊は遂に全員戦死した。以後第二小隊長小室厚少尉が指揮をとり夜に入った。

小林聯隊長は十六日、西方の亜界山中腹陣地にあった第九中隊を撤収させ林北台を占領させた。また古屯からの弾薬、糧秣運搬が不可能となったので、輜重兵大隊を気屯方面に転用し、八方山―二部―中気屯―気屯道を気屯または上敷香から補給することにした。

これより先、ソ連軍大部隊が中央軍道上に縦隊のまま密集し、八方山の聯隊主力に側面をさらしている状況において、小林聯隊長は戦況を観察し、八方山西側からソ連軍の側背に向かい攻勢に転じる決心をし、その期日を十八日夕刻と定めた。夜襲によって半田以南にあるソ連軍司令部、砲兵をまず粉砕し、続いて敵主力を行動困難なツンドラ地帯に捕捉撃滅しようとするものであった。ところが十五日聯隊通信中隊が終戦に関する「玉音放送」を傍受した。疑心暗鬼でいるうちに、十七日三時「和平に関する大詔渙発せられ、積極的戦闘を避くべし」という師団命令がもたらされた。小林聯隊長は、攻勢転移を中止し、自衛戦闘に転移することにした。しかし、ソ連軍が陣地地域に侵入する場合は断固として撃退する決意を示した。

　気屯付近には、歩兵第百二十五聯隊の留守要員、師団通信隊及び同衛生隊の一部などがあり、残留隊長杉木雄三中尉指揮のもとに気屯川、飛行場の警備に当たった。古屯から撤退した第二・第十二中隊もこれらの守備に当たった。所在の地区特設警備隊及び義勇戦闘隊も警備に当たった。十六日、聯隊命令によって八方山の聯隊主力に追及を命じられた第二中隊は、中央軍道から古屯を突破しようとしてソ連軍に側面攻撃を受けて前後に分断され、後半部は中気屯に後退し、前半部は中隊長の掌握困難なまま敵中を彷徨し、中隊長黒田武夫中尉以下大部分が戦死した。第十二中隊は気屯で再編され、気屯―八方山間の迂回路上の古屯川上流橋梁南側地区守備を命じられ、十七日気屯出発、同日午後所命地区付近にあったソ連軍砲兵を襲撃して潰走させ、同地の守備に任じた。

　上敷香においては、十六日の古屯地区の戦況からソ連軍の南下が憂慮され、同日夕上敷香集落に避難命令が出され、同地の邦人は十七日朝軍用トラックによって敷香に後送された。気屯付近の義勇戦闘隊にも敷香に後退するよう命令が出された。住民が避難した後、上敷香市街に火が放たれた。ソ連軍機約二〇機が来襲してさらに爆撃を加え、約二、五〇〇戸の上敷香市街は灰燼に帰した。

十七日もソ連軍の攻撃は続行され、歩兵第百二十五聯隊は自衛戦闘を継続した。ソ連軍は早朝から八方山に対する砲撃を開始し、八方山正面には戦車をともなう中隊規模のソ連軍が攻撃を反復したが夕刻までにすべて撃退した。北極山正面にも朝から攻撃を受けたが、夕刻までに撃退した。七星山正面にも昼間約一コ小隊の攻撃があったが、交戦二時間で撃退した。左第一線第三大隊正面にも十五時ころ、戦車をともなう二コ小隊の攻撃をうけたが、夕刻までに撃退した。

ソ連側戦史によると、十七日は八方山、北極山及び七星山の抵抗中枢及び独立拠点の掃討を行い、作戦が進展したことになっており、日本側の資料と符合しにくい。

歩兵第百二十五聯隊の戦闘詳報によると、十八日二時に戦闘行動中止の師団命令が送達された。小林聯隊長は戦闘継続による損害の増加を憂慮し、第三大隊長小笠原少佐を長とし、聯隊副官油谷大尉、向地視察隊長大越大尉ら一五名を軍使として交渉に当たらせることにした。一行は十八日十四時ころ、半田警察において第五十六狙撃軍団長ア・ア・ディアコノフ少将以下と会見し、局地停戦について交渉した。この間に大越大尉の誘導によってソ連側も軍使を八方山に送り、小林聯隊長と折衝した。聯隊長は既に和平の大詔が渙発されたいま、武装解除もやむなしとした。

こうして八月十九日十時、歩兵第百二十五聯隊主力は、北極山においてソ連軍に武器を引き渡し、国境陣地の戦闘は終熄した。武意加陣地を守備してソ連軍と対峙していた岡島小隊は、十九日ソ連軍の攻撃を受けたが撤退し、永井集落付近に南下したところ既に気屯付近にソ連軍が進出していることを知り、幌内川を下って敷香で終戦を確認し、部隊の編成を解いて解散した。

峯木第八十八師団長は、急速に南下するソ連軍を阻止し、敷香方面の奥地にいる邦人を極力引き揚げさせるため、上敷香にある筑紫参謀に対し、両軍戦闘を停止し、現状で止まるようソ連軍と交渉を命じた。筑紫参謀は、知志代監視哨から撤収して来た向地視察隊高島少尉がロシア語に堪能なので、同少尉を軍使として派遣した。高島少尉は北上して気屯国民学校において進出したソ連軍戦車部隊長と交渉したが、不調に終わった。第五方面軍から中央への電報によれば、ソ連側は傲然たる態度をもって、「予は上司より予定目標への前進を中止すべき命令に接しあらざるをもって、日本軍の行動如何に拘わらず之を敢行すべし」と回答した。

気屯残留隊長杉木中尉は、十八日夜、気屯にある弾薬、糧秣を同地西側の山中に運搬し、兵舎に火を放って撤収した。その後同中尉は、聯隊主力が武装解除されたことを知り、依然抗戦する者と解散希望者に部隊を分けた。杉木中尉以下の抗戦組は後ソ連軍の攻撃を受けて西柵丹に向かい、安別派遣隊と合流して同一行動をとる。解散組一〇〇名は自由行動をとったが、八〇名は上敷香でソ連軍に収容され、二〇名はそれぞれ目的地につき民間人となった。

飛龍にあった安別派遣隊は、安別に挺進奇襲をかけ、陣内に八カ月の糧食を集積し、持久態勢を強化していたところ、二十日ころようやく聯隊本部から、既に戦争が終わったこと、なるべく速やかに豊原に南下せよという命令を受領した。同隊はただちに飛龍陣地を撤して南下、気屯残留隊と合流して総勢約五〇〇名となってさらに山中を南下した。しかし北名好川上流に出たところ、ソ連軍が既に北名好に進出したことを知り、ここで部隊の編成を解き、各自私服に着替えて民間人となり、自由行動に移った。一部は豊原の師団司令部に到着して状況を報告し、また一部は宗谷海峡を渡り札幌の方面軍司令部に第八十八師団の抑留状況を報告した。

国境付近の戦闘を通じてソ連側に与えた損害は、戦死約千名、戦車数十両破壊と推定されたが、ソ連側の明確な資料はまだ不明である。日本側の戦死者は、歩兵第百二十五聯隊が三四〇名、輜重兵大隊一四四名、その他の配属部隊を含めて五六八名となっている。ただし第一大隊は小林大隊長以下将校のほとんど全員が戦死した。小林大隊と輜重兵大隊の戦死の多くは、古屯付近の戦闘によるものであった。

他方面及び全般状況

十六日に、スターリンがトルーマンに書簡を送った時、千島はもとより北海道北半分をもソ連軍占領地域に含める希望は、当然トルーマンに受け入れられると考えたようである。希望に満ちたスターリンは、この時期にはポツダム宣言の日本国軍隊に関する条項（武装解除後各自の家庭に復帰……）を守ろうと思っていた可能性がある。同日モスクワからワシレフスキー総司令官に対し、捕虜のソ連領移送は行わず、収容所はできる限り日本軍の武装解除の場所に設けるという指示が出ている。スターリンは十七日、連合軍最高司令部のソ連代表デレヴィヤンコ中将に対して、北海道北部占領と、東京にソ連軍占領地域を提供する問題についてマッカーサー元帥と協議するよう指令した。

一方ソ連は、戦争終結の流れに独り抗して、一方的に戦闘を拡大した。十六日早朝西岸の塔路に上陸した部隊は恵須取に向かい進撃して激しい戦闘を巻き起こした。十八日早朝には千島列島北端の占守島に強襲上陸し、ここでも激しい戦闘が起こった。

十八日にスターリンはトルーマンから十七日付の書簡を受領した。その中で、トルーマンは、千島列島全部をソ連軍に降伏すべき地域に含めることには同意するが、北海道北部を含めることを拒否し、さらに中千島の一つに米軍航空基地を設ける権利を要求した。スターリンは怒りと落胆で、すぐには決断できかねたのであろう。返事も必要な指令もしばらく出していない。

ワシレフスキー元帥は十八日夜、第二極東方面軍に対して、八月二十五日までに樺太南部及び新知島までの千島列島の北部諸島の占領を命令した。さらにワシレフスキー元帥は十九日早朝、第一極東方面軍と太平洋艦隊に対し、九月一日までに釧路市と留萌市を結ぶ線以北の北海道北半分及び新知島までの千島列島の南部諸島の占領を命令した。その後さらに第一極東方面軍に、三コ狙撃師団の第八十七狙撃軍団を用意し、そのうち二コ師団を北海道に、一コ師団を千島列島南部に上陸させるよう命令した。第二極東方面軍の行動が遅れており、一方満州における作戦の進展によって、第一極東方面軍の部隊の抽出可能となったためにとられた処置であろう。

第五方面軍は、このようなソ連側の動きを知る由もないわけであるが、諸情報によりソ連軍の北海道上陸の可能性ありとの判断に基づき、依然第八十八師団に対して自衛戦闘継続を要求した。十九日十七時三十分発の第八十八師団宛の電報も、「……敵が事をかまえ無理を要求して依然攻撃を中止しなければ、あくまで自衛戦闘を継続すべし。下樺太地区（南部）を最後まで頑強に死守するため、兵力を上樺太地区（北部）に移動することは希望せず……」という内容であった。

西海岸の戦闘及び中・南部の状況

恵須取、塔路方面の戦闘

ソ連軍進攻前の恵須取地区の状況

恵須取町及び塔路《トウロ》町は、炭鉱や製紙などの産業が盛んで、両町とも港があり、西海岸北部の産業上の要点であった。恵須取町は恵須取支庁所在地で、樺太北西部の行政の中心地でもあった。

恵須取と東岸の内路を結ぶ内恵《ナイケイ》山道は、対米戦の場合は北地区唯一の背後連絡線であり、対ソ戦の場合は中央国境正面に対する策応のためにソ連軍にとっての要点であった。このため、対ソ戦では最小限歩兵〇・五コ大隊、砲兵一コ小隊を配置したい場所であった。しかし、対米重点のため、方面軍の指導もあって実現できなかった。

実戦力をもつ軍隊としては、唯一、歩兵第百二十五聯隊第十一中隊が恵須取市街北東二〇kmの大平《タイヘイ》炭鉱付近に配置されていた。恵須取市街付近には、特設警備第三百一中隊、豊原地区第八特設警備隊のほか、第五方面軍航空情報監視隊の一部、第五船舶輸送司令部樺太支部恵須取出張所、船舶通信第一大隊第一中隊の一部、樺太憲兵隊恵須取憲兵分隊、第五方面軍情報部樺太支部恵須取支所など、雑多な戦力のあまりない部隊がいた。

第八十八師団のこの地域に対する作戦指導要領の骨子は、次のようなものであった。

一　海岸線では一時の抵抗により住民の撤退を掩護する。

二　住民はとりあえず上恵須取に待避し、次いで内恵道及び珍恵道（六〇km南方西岸の珍内《チンナイ》に出る）から後退する。この掩護のため、上恵須取付近になるべく堅固な陣地を作り持久する。軍隊配備の重点をここに置く。

三　軍隊は最後に白雲峡付近に後退し、徹底的に持久を策す。

八月十二日安別《アンベツ》が攻撃されたので、師団は上敷香から宮崎中隊（歩兵第二十五聯隊初年兵教育隊第三中隊、山砲一配属）、真岡から歩兵第二十五聯隊第三中隊（機関銃一コ小隊配属）を恵須取に増強することにし、両中隊は十四日現地に到着した。また、たまたま他の用務で恵須取に出張中であった富澤健三大佐（豊原地区司令部部員）を、とりあえず同方面の指揮に任じさせた。

塔路、恵須取付近戦闘経過要図(8月16日)

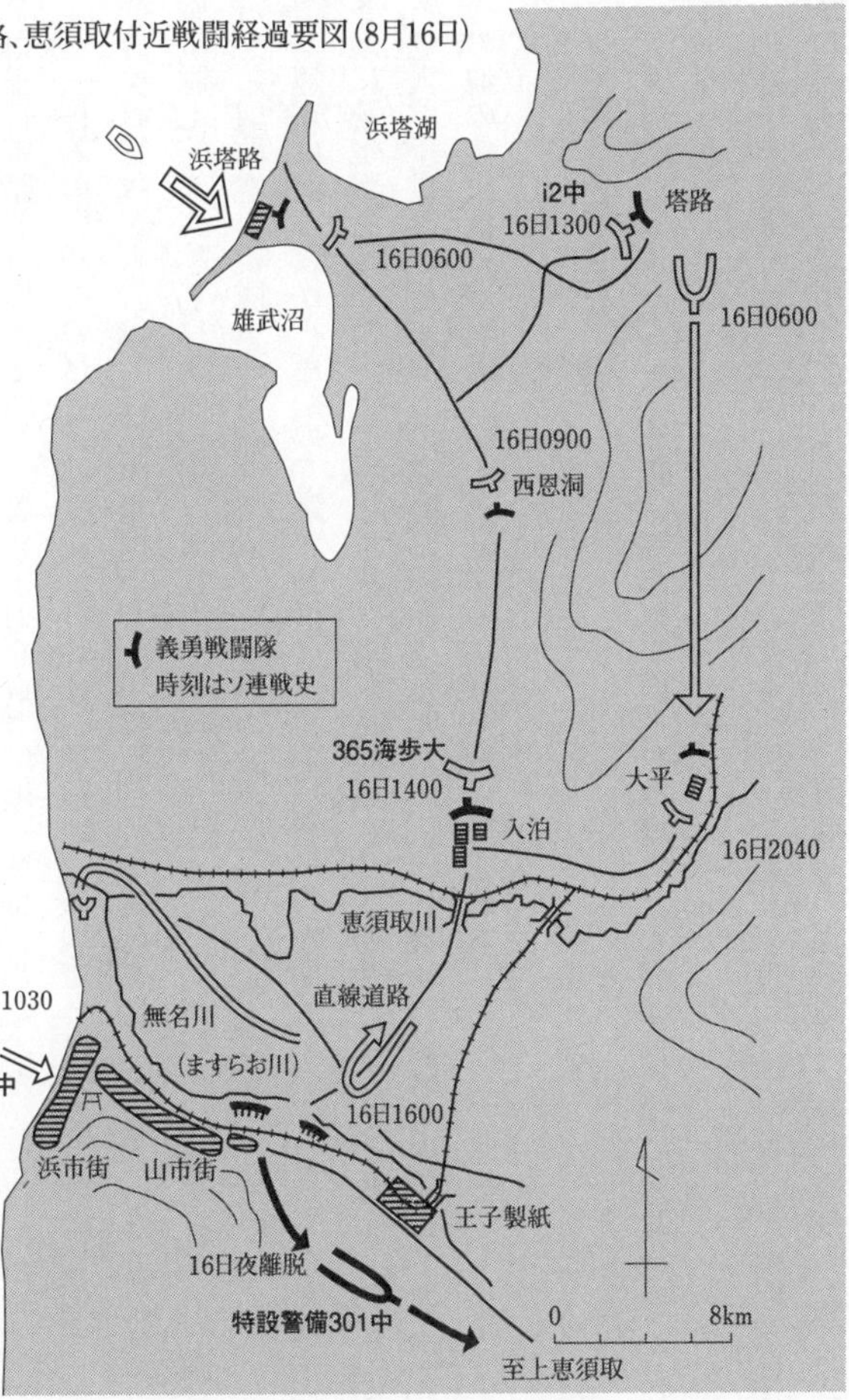

特設警備隊も召集を行い、小銃を交付し編成を終えて恵須取の兵舎に位置し、一コ小隊を十三日塔路飛行場に派遣し、のち主力をもって港の警備に当たった。

十三日義勇戦闘隊の召集、結成式が行われ、各地域、職域ごとに組織されて警備に、学徒義勇戦闘隊約六〇〇名は軍の指揮下で上恵須取付近の対戦車壕の構築に、また女子義勇戦闘隊七〇～八〇名は糧食運搬、傷病者の救護に当たった。このほか、樺太庁長官に属する恵須取防空監視隊（約八〇名、一七～二三歳の女子が主体）が対空監視に当たっていた。

ソ連軍は九日夜から恵須取、塔路地区に対する偵察飛行を開始し、十日ころから西海岸各地に銃爆撃を始めた。十二日には恵須取町浜市街に火災を生ずるようになり、この日から老人、子供の上恵須取への避難が開始された。十三日に義勇戦闘隊等が編成されると、その他の住民は上恵須取方面へ避難するよう命令が出された。

ソ連軍の偵察と上陸計画

ソ連側戦史によると、ソ連軍は恵須取方面進攻準備のための事前の偵察等を次のように行っている。

北太平洋艦隊の航空部隊は、八月十日夜半、次いで十一、十二、十三日、恵須取及び塔路の両港地区の倉庫とその他の軍事目標、同じく鵜城《ウシロ》その他の地区に爆撃を加えた。これらの爆撃と十二、十三日に行われた特別の空中偵察の結果、塔路—恵須取地域の海岸線を敵が警備しておらず、沿岸砲兵と飛行場がなく、夜間巡察が行われていないことが確認された。恵須取地区には全部でただ一～二のトーチカしかなかった。この地区では日本軍部隊の存在が確認できなかった。……恵須取地区のより詳細、完全な情報入手のため、八月十三日未明それぞれ魚雷艇二隻とカッター一隻からなる二つのカッター部隊をもって偵察を行った。十三日昼にもカッター二隻で同じ目的の偵察を行った。同時に海岸線の写真撮影を行い、上陸部隊指揮官である第三百六十五海軍歩兵大隊長も艇上から偵察した。その結果、予定揚陸地区に敵の水上警備がなく、恵須取南部の火点以外に敵は沿岸砲兵をもっていないことを確認した。恵須取港には敵の若干の兵士が発見され、それによりここに軍隊のあることを推定することができた。

渡洋上陸の経験のないソ連海軍が、かなり慎重に情報収集を行ったことがわかる。日本側の資料によれば、十三日未明、恵須取港沖合に潜水艦二～三、駆逐艦一～二と思われるソ連艦艇が現れ、浜市街南側に向かい、艦砲射撃のもと舟艇二～三隻を発進させて来た（三隻の二組という資料もあり、これだとソ連側戦史と完全に一致する）。同地の特設警備第三百一中隊がこの舟艇に火力を集中すると、舟艇は反転してほどなく姿を消した。

日本側は反撃して上陸企図を破砕したと考えたが、それはソ連側の偵察行動（威力偵察）であったわけである。富沢大佐は、十四日師団の措置による増援部隊の来着にともない、従来の師団の計画に基づき主力をもって上恵須取隘路を確保し、特設警備隊基幹の一部をもって恵須取市街及び塔路港付近を守備するに決し、次のように部署した。

歩兵第二十五聯隊第三中隊（機関銃一コ小隊配属）――上恵須取西北方六km付近の隘路を確保

歩兵第百二十五聯隊第十一中隊――上恵須取西方三kmの隘路口を確保

特設警備第三百一中隊（一コ小隊欠、宮崎中隊及び豊原地区第八特設警備を配属）――恵須取市街を防御

爾余の部隊――直轄

本部――八月十五日以降上恵須取集落と予定する。

十五日昼ころ、富沢大佐は各中隊長を恵須取支庁の防空壕に集め、爾後の作戦について指示し、激励した。この直後に、在恵須取の船舶部隊の通信班長から終戦の詔勅のことが報告されたが、事が重大なためしばらく関係者だけにとどめて内密にされた。この日、尾

崎与作恵須取支庁長も、樺太庁長官から終戦に関する長文の電報を受領したが、いずれも内密にされた。

この夜、恵須取市街にある特設警備第三百一中隊長中垣重男大尉は、富沢大佐から「上恵須取を最終抵抗線とするので貴隊は同地に転進せよ」という命令を受けた。同大尉は、翌日に予定されている恵須取市街住民の上恵須取方面避難終了を待って撤収することにした。

ソ連側の当初の南樺太作戦計画によれば、第五十六狙撃軍団が古屯主防御地帯を突破する第二期作戦間に、北太平洋艦隊がこれと連係して上陸を行うことになっていた。ところが、陸海軍代表者の交換を行わなかったため連係が悪く、艦隊は第五十六狙撃軍団の戦闘計画を承知できなかった。上陸の好機を逸してしまうと考えた北太平洋艦隊司令官ヴェ・ア・アンドレエフ海軍中将は、八月十四日、艦隊独自で恵須取地区への上陸を行うことを決心した。ソ連側戦史による上陸計画の大要は次のとおりであった。

一　方針

艦隊は、八月十六日まず塔路港に、偵察の目的をもって第三百六十五海軍歩兵大隊及び第十六軍第百十三狙撃旅団第二大隊を上陸させる。上陸軍が有利な地歩を確立した場合は引き続き上陸を行い、第五十六狙撃軍団と連係をとって第二期作戦に寄与する。

二　船団及び梯隊区分

船団区分

第一上陸船団（艦砲支援隊を兼ねる）哨戒艦一、機雷敷設艦一、哨戒艇四
第二上陸船団　魚雷艇一四
第三上陸船団　掃海艇四
第四上陸船団　輸送船二、哨戒艇二
上陸警備群　魚雷艇五

梯隊区分

第一波　偵察先遣隊（三二〇名、後機雷敷設艦が除外され一四一名となる）
第一梯隊　第三百六十五海軍歩兵大隊（三三四名）
第二梯隊　第十六軍第百十三狙撃旅団第二大隊（九〇〇名）
第三梯隊　砲兵及び後方部隊

三　上陸作戦指導要領

飛行隊及び艦艇の掩護下に港湾の繋留場に直接上陸する。偵察先遣隊の行動が成功した場合には、その上陸地点に対し全上陸軍兵力を推進する。

四　梯隊の任務

第一波　八月十六日四時十五分塔路に上陸し、同地の舗装道路と鉄道との交叉点を占領した後、塔路及び西恩洞《ニシオヌラ》集落の敵防御組織と兵力配置を捜索する。

第一梯隊　塔路―大平―入泊《ニュウハク》の各集落を占領し、第二梯隊の到着を待って山市街、次いで恵須取市街及び恵須取港を占領する。

なお、高速魚雷艇を中心にした船団編成など、このような作戦構想をたてたのは、日本軍の能力・兵力が十分解明されておらず、日本軍が後方から大兵力を推進して上陸軍が最悪の事態に陥るような場合の離脱を容易にすることも考えたものとしている。

ソ連軍、塔路に上陸

塔路の広い海岸正面に対して、特設警備第三百一中隊の一コ小隊が配備されただけであり、塔路町を守るのは義勇戦闘隊と警察だけであった。阿部庄松町長が義勇戦闘隊長となり、一般義勇戦闘隊と炭鉱ごとの職場義勇戦闘隊がつくられて町の警備に当たった。武器があるのは塔路警察署（軽機関銃一、小銃一コ分隊分）だけであった。特設警備小隊は、塔路飛行場に派遣されて滑走路を破壊した後、塔路港の守備についた。義勇戦闘隊四〇名も一緒であった。

十一日ころから空襲が激しくなり、十二日から老幼の避難が開始され、十三日には一般の避難命令が出て、十四日に塔路に残っていたのは二〇パーセントくらいであった。十三日の恵須取に対するソ連軍の上陸企図（実は威力偵察）の情報が、住民を大きく不安に陥れ、三菱炭鉱では家族一、四〇〇名が炭坑内に隠され、状況しだいでは自決処置まで考えられた。実際に竹田医学博士一家が服毒自殺する悲劇も起こった。

ソ連軍の塔路上陸の状況をソ連側戦史で見てみよう。

第一上陸船団は十五日二十一時二十分ソヴエツカヤ・ガヴァニを出航した。十六日四時ころ海霧が晴れ、五時塔路港に接近した。四コ小隊一四一名の偵察先遣隊は、敵の虚をついて防波堤及びその北方砂嘴海浜に上陸し、わずかな抵抗を受けただけで約一〇分後には港湾施設を占領した。港湾を防衛していた日本軍予備役軍人の小集団は一部が戦死し、一部は捕虜になった。

港湾占領に成功の報によって、第二上陸船団は十六日六時ソヴエツカヤ・ガヴァニを出航して九時四十分塔路に到着、十時十分海軍歩兵大隊の揚陸を終わった。次いで第三上陸船団は十時ワニノ湾（ソヴエツカヤ・ガヴァニ北方二〇㎞）を出発した。同船団が樺太沿岸に接近すると、恵須取地区から砲撃を受けたため、ジグザグ運動をしながら塔路港に入り、

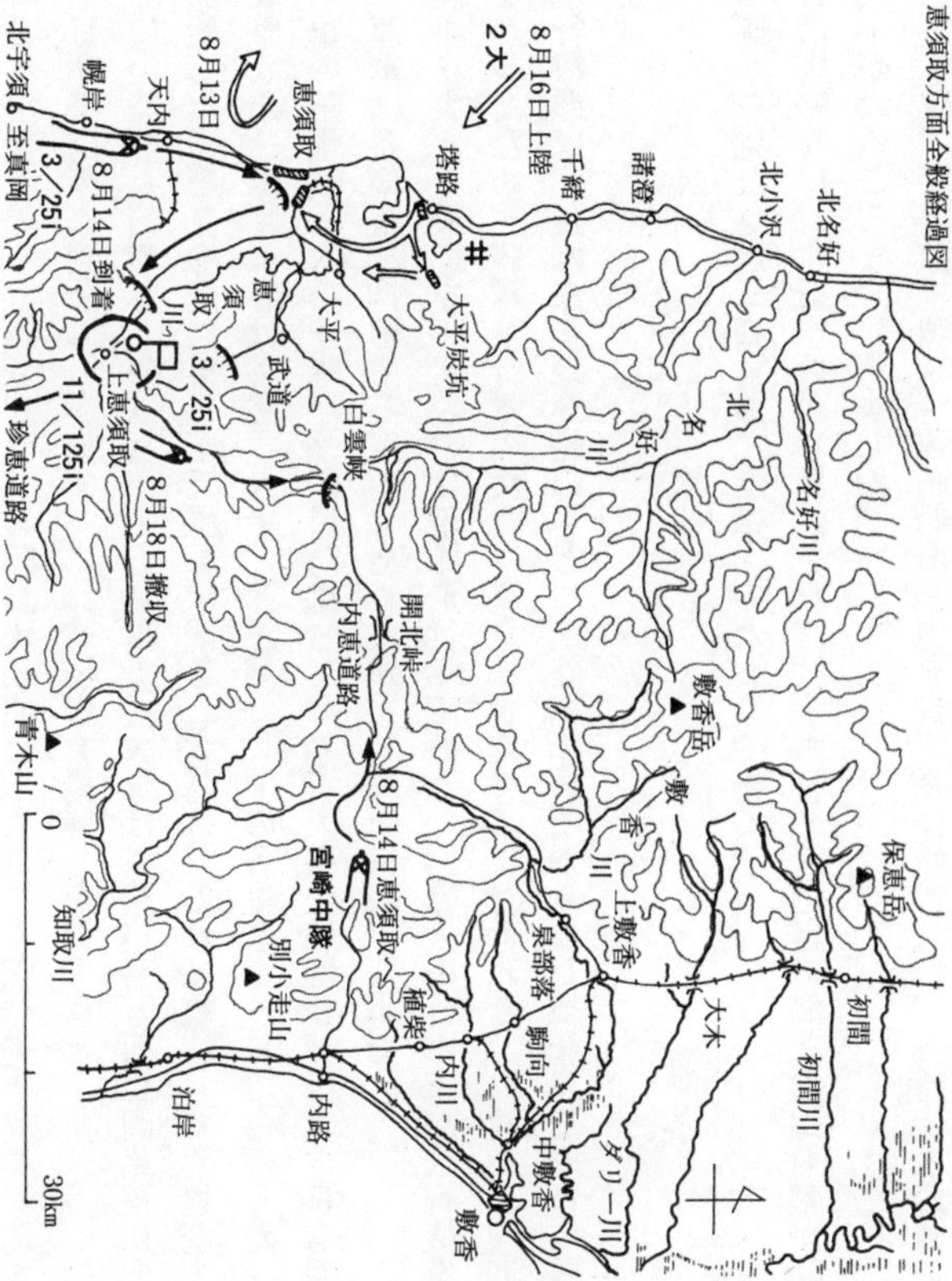
北名好
北小沢
諸澄
千緒
塔路
8月16日上陸
2大
恵須取
天内
8月13日
幌岸
北宇須
至真岡
3／25i
8月14日到着
大平
恵
須
取
川
武道
3／25i
上恵須取
11／125i
珍恵道路
大平炭坑
白雲峡
北
名
好
川
名好川
8月18日撤収
開北峠
内恵道路
敷香岳
敷
香
川
上敷香
8月14日恵須取
宮崎中隊
泉部落
駒向
植柴
内川
別小走山
青木山
0
知取川
内路
泊岸
中敷香
敷香
30km
ダリー川
大木
初間
初間川
保恵岳
恵須取方面全般経過図

十九時ころ狙撃大隊を上陸させた。第四上陸船団は十六日二十三時過ぎワニノ湾を出航して十七日朝塔路港に到着し、夕刻までに兵站物資を揚陸した。

塔路に上陸した偵察隊と第三百六十五海軍歩兵大隊は塔路集落と西恩洞集落に向かい攻撃を開始した。第二梯隊の第百十三狙撃旅団第二大隊は、これに続行して西恩洞―入泊方向に攻撃した。上陸部隊は塔路、大平、西恩洞、入泊の各集落を一日で占領した。各集落は日本軍の予備役軍人の一隊が堅固に防御しており、大平の戦闘などは丸一日も費やされた。ソ連軍は各集落を抑留する戦術であったが、結局市街戦となった。

上陸軍に大きな援助を与えたのは艦隊飛行隊であった。樺太の日本軍が飛行機を保有していなかったため、艦隊飛行隊の活動は完全な制空権下に行われた。ソ連の三～四機からなる飛行機群は、良好な空地連絡のもとに上陸軍指揮所からの目標指示を受けて銃爆撃を行った。

日本側から見たソ連軍の塔路上陸は次のとおりである。

攻撃は塔路町に対する空襲から開始された。十六日一時過ぎ空襲と艦砲射撃が始まり、町の大半が六時ころまでに焼失した。

十六日二時、塔路監視哨はソ連艦船南下中を支庁長に報告した。三時半～四時ころ朝もやの中から数隻のソ連艦船が出現、六時過ぎ激しい砲爆撃の中多数の舟艇が浜塔路に上陸を開始した。恵須取の山砲が砲撃しているようである。監視哨は長以下四名が残り監視を続けたが、二時間後郵便局が局線を破壊して撤去するとの報によって監視哨も撤退した。塔路港を守っていた特設警備小隊は、艦砲その他の集中火を受けて大損害を受け、残存者は後退して各地の義勇戦闘隊に合流した。

　恵須取支庁長は、塔路にソ連軍上陸の報告を受け、阿部庄松塔路町長と松田塚一警察署長に対し「終戦の詔勅を拝した以上、ソ連軍に対する抵抗を止め、町民を誘導して避難する」よう指示を出した。

　町長以下義勇戦闘隊の幹部は協議して、支庁長の命令どおり抵抗をやめ、住民は一応安全な山間に避難して上恵須取に向かった家族と合流させ、これ以上の被害が出ぬよう停戦と住民の生命の安全の保証をソ連軍と交渉することにした。阿部町長、松田署長、高村純平警防団長ら五名は、白旗を掲げて七時浜塔路でソ連軍海軍中佐と通訳の少尉に会って交渉した。日本は終戦したので万事平和裡に行うようとの希望は了承されたが、「日本人を各自宅に帰還し平常の仕事に服させ、兵器を集めて提出する」ことを要求された。町長と警防団長は止め置かれ、松田署長は山中を駆け回って大平東方の谷で日本人と協議したが、中々帰ってもらえないし、兵器も集まらなかった。

町長と警防団長ら六名が、塔路から大平への山道の入り口付近で銃殺されているのが十七日発見された。署長は塔路へ帰り、取り調べの上ソヴエツカヤ・ガヴァニに抑留された。山間に避難し、上恵須取に向かう避難民に対して、ソ連軍機は無差別に銃爆撃を繰り返したため被害続出する悲惨な状況であった。このような中で、大平炭鉱病院で最後まで負傷者の看護に当たっていた看護婦一〇名は、患者の再三のすすめで十七日上恵須取に避難しようとしたが、途中でこれ以上の避難は無理と思い定めて集団自決し、哀れをとどめた。

恵須取方面の自衛戦闘

尾崎支庁長は、十六日二時ころ塔路監視哨からソ連艦隊南下中の報告を聞き、住民を早急に上恵須取に避難させることにし、一五両のトラックを使用し、大部は徒歩であったが所在の住民を急ぎ避難させた。

特設警備第三百一中隊長中垣大尉は、ソ連軍が塔路に上陸して山恵須取に向かい南下中であることを知り、浜市街、山市街の住民の避難を掩護するため、南下するソ連軍を山市街入口で阻止することを決心した。同大尉は、山市街—入泊道を中心にますらお川の線に、特設警備第三百一中隊、宮崎中隊を配備につけた。地区特設警備隊と恵須取の国民義勇戦闘隊も戦列に加わった。十二時過ぎ、ソ連軍は飛行機の掩護のもとに直線道路を南下して山市街に侵入したが、日本軍機関銃によりすべてそれ以上の前進を阻止した。
彼我の交戦を知った支庁長は、支庁庁舎を撤収し、地域・職場・学徒義勇戦闘隊とともに山伝いに上恵須取に向かった。

中垣大尉は、住民避難の時間を稼ぐため、これまで配備についていた各部隊に、義勇戦闘隊、学徒義勇戦闘隊、警察隊などすべての勢力を集中して、攻撃に転じ、ソ連軍を撃退して製紙工場付近まで進出した。爾後ソ連軍の敗走を確認してから離脱し、支庁長、町長その他男女四〇〇名の後衛となり、十七日三時ころ上恵須取に到着した。

この間に、航空・海上の監視に大活躍した女子防空監視隊の脱出について美談がある。恵須取の監視隊にいた女子隊員は、中垣大尉の命により、指導に当たった中野軍曹らと山づたいに脱出、後退した。しかし、上恵須取の休養所にいた交代員は電話不通となり状況がわからず、敵中を突破して助けに行くと頑張った。主任の岡崎巡査も熱意に負けて、同巡査、小原運転手、大月助手と交代員らはトラックで、敵弾の中を突破して恵須取の監視哨まで到達した。そこで無事撤退したことを確認し、その後再び苦労して山越えして上恵須取に帰り着くのである。

恵須取方面の攻撃について、ソ連側戦史は次のように述べている。
特に激烈な戦闘が、十六日十四時ころ山市街の入口付近で行われた。歩兵約二コ中隊からなる日本軍は、同地の要点を占領して接近経路を良好な火制下においていた。上陸軍は高地を一挙に奪取しようとして再三攻撃したが、二十時ころ遂に防御に転移した。この失敗の原因は、攻撃に参加した部隊が海軍歩兵二コ中隊だけであったことにある。他の一コ中隊は大平で戦闘中であり、第二狙撃大隊はまだ入泊地区を前進中であった。

二十二時ころ以降上陸軍の全兵力が山市街地区に集結した。上陸軍指揮官（第三百六十五海軍歩兵大隊長）は、十七日朝二コ大隊をもって攻撃し、九時までに山市街を占領することを決心した。

十七日七時、一時間の攻撃準備射撃の後、狙撃大隊は日本軍の翼側から、海軍歩兵大隊は正面から一斉に集落内に突入し、市街戦を開始した。山市街の戦闘は八時三十分敵を掃討しつくして終了した。上陸軍は恵須取港に突進し、十時三十分ころ海上から上陸して来た第二十二独立機関銃中隊と提携して同地を占領した。

ソ連側戦史はこのように記しているが、日本軍民の撤退した後の山市街で一体誰と戦ったのであろうか、中央国境正面における幌見峠の攻撃といい、幻影と戦ったのか。日本側から見る限り単に独り相撲の空振りとしか見えないのであるが……。

恵須取方面の終戦

第五方面軍命令により樺太に派遣された吉野貞吾少佐は、十四日豊原に到着して峯木師団長から恵須取方面最高指揮官を命ぜられた。無線一コ分隊とともに十五日早朝豊原を出発、夕刻内路に着き、同地の特設警備隊で終戦を確認した。同少佐が爾後の任務行動について師団に照会したところ、十六日午後遅く「恵須取に上陸した敵を撃滅せよ」という師団命令を受領した。同少佐はトラックで内路を出発、避難民に逆行して西進し、十六日夜遅く上恵須取に到着して富沢大佐から指揮を引き継いだ。

師団は、恵須取方面からのソ連軍の南下を阻止するため、十六日、女麗《メレ》にあった歩兵第三百六聯隊第二大隊を南樺太最狭部の久春内に派遣し、同地の守備を固めるよう命令した。

十七日朝、吉野少佐が各中隊長を集めて今後の作戦について協議中、歩兵第二十五聯隊上敷香残留隊長の平義信中尉が到着し、「現位置で戦闘行動を停止し、直ちに停戦協定を実施せよ」という師団命令を伝達した。吉野少佐は、まず副官青木雄二中尉及び歩兵第百二十五聯隊第十一中隊長上家富盛中尉以下若干名を軍使として、恵須取町北方のソ連軍に派遣したが、軍使一行はその夜帰らなかった。十七日午後、上恵須取の集落はソ連軍機の爆撃を受けて廃墟と化し、特設警備、義勇戦闘隊などは分散を余儀なくされ、多くの隊員が家族の後を追ったので、各隊の人員は激減した。ソ連軍機は内路や珍内に向かう避難民の群れにも見境なく銃爆撃を加え、いたる所に悲惨な状況をまき起こした。

ソ連軍は「隊長自ら来れ」と要求、軍使青木中尉一行は十八日朝帰着した。そこで吉野少佐は乗馬で、青木中尉、通訳役の高橋曹長以下を従え、恵須取北方のソ連軍指定の丘に向かった。途中威嚇射撃を受けたが、意に介する事なく到着してソ連軍中佐と会見した。ソ連軍中佐は「即刻武器を捨てよ」と要求するが、少佐は「停戦は武装解除ではない」と譲らず、交渉は決裂した。


この交渉で、ソ連軍は抵抗しない者には危害を加えないというので、吉野少佐は桑原義勇戦闘隊長から住民に、自宅に戻るよう呼びかけてもらったが誰も信じなかった。交渉の模様を知る兵の中には、「七、八両の装甲車しかないソ連軍に降伏してたまるか」という声があがり、このままでは彼我接近して戦闘再燃のおそれがあると考え、ひとまず内恵道を白雲峡まで後退することを決心した。これにより支庁長、町長、及びそれぞれの職員らは、内恵道を東進した。吉野少佐は部隊をまとめて夜、内恵道を後退した。二十日白雲峡についたが、吉野少佐は同地に配備するのをとりやめ、一挙に内路まで後退する決心をした。このころまでに、特設警備隊、義勇隊は解散した。

二十四日朝、吉野少佐は内路に近いところで無線機でラジオ放送を聴き、武装解除は決定的であることを知った。また師団から派遣された師団司令部付の平島邦雄大尉がソ連軍将校とともに知取から到着し、「俘虜となるも武装解除せよ」という命令を伝達した。吉野少佐は遂に武装解除を決意し、掌握していた歩兵第百二十五聯隊第十一中隊と歩兵第二十五聯隊第三中隊の合計約四〇〇名に命じ、武器を心ゆくまで手入れし、員数表まで添え道路の片側に整頓させ、宮城を遥拝して兵器と決別した。上敷香方向から追及して来たソ連軍の将校は処置の見事さに驚喜し、日本軍を優待しつつ内路に向かわせた。部隊は二十五日内路に着き、既に収容されていた第三百六聯隊第三大隊と合流した。

真岡方面の戦闘

ソ連軍進攻前の真岡地区の状況

第八十八師団は、八月九日ソ連参戦にともない、落合付近にあった歩兵第二十五聯隊第一大隊を急ぎ真岡に転用するとともに、豊原北方の小沼にあった第二十五聯隊主力（本部と直轄各隊）を逢坂（真岡東方約二〇㎞）に移動させ、久春内から西能登呂岬を経て留多加にいたる南地区の西半部の防備を担任させた。ソ連軍が来攻するとすれば、真岡付近の公算が最も大きいものと判断され、聯隊本部位置は逢坂付近に選定されたのである。

真岡の東側には海岸と平行して高さ数十メートルの断崖が走っており、市街は狭小な平地に密集し、断崖の上に学校、官庁、王子製紙の社宅街があった。海岸から一km付近から逢坂までのあいだの山地は高さ二メートルに及ぶ熊笹が密生し、展望と射撃を著しく妨害する状態であった。

聯隊長山澤饒大佐は、本部とともに十二日逢坂に移動した。第一大隊（仲川義夫少佐）主力は十一日真岡付近に到着、真岡を重点に南北約八〇kmの海岸正面に展開して急ぎ陣地構築に着手した。ただし、第三中隊は広地域に分散していたため、到着は遅れて十三日になった。その時師団から一コ中隊を恵須取方面に派遣の命令を受け、到着したばかりの第三中隊だけがまとまった兵力であったため、すぐさまこれを派遣したのである。その穴を埋めるため、大隊長は、北方一〇km余の蘭泊《ラントマリ》を中心に配置した第二中隊を真岡正面に転用した。第二中隊（高橋進中尉）は、第一小隊を蘭泊に残置し、主力を率いて十三日夜真岡に到着、主力を荒貝沢《アラカイサワ》（真岡市街東方二km）に、一部をその南方四kmの手井の貯水池に配置して防御配備についた。このような配備変更もあって、各隊はたこつぼを掘った程度で、水際陣地の構築には着手しないうちに八月十五日を迎えた。

十五日大詔による終戦の報が伝わり、張り詰めていた空気は一度に失われた。十六日、終戦に関する師団命令があり、仲川大隊長は、配属部隊及び作戦指揮下にあった真岡警察署などの指揮を解き、第一大隊本部及び真岡付近にある各隊を市街地から荒貝沢に移し、天幕露営に入らせた。師団命令によって、十八日軍旗を奉焼し、古年次兵（大半は樺太出身）約一割を召集解除した。

第八十八師団は、国境方面から南下するソ連軍を少しでも食い止め、できるだけ邦人を北海道方面に避難させるため、十八日、歩兵第二十五聯隊主力を豊原付近に集結してソ連軍に備える態勢に置くとともに、鈴木参謀長が歩兵約一コ大隊を指揮して北上して阻止に当たるよう処置した。

ところが、「歩兵第二十五聯隊は二十日現集結地を出発して小沼付近に集結すべし」の命令を発した直後、十八日昼ころ、師団は海軍から「ソ連軍輸送船団が艦艇護衛のもとに日本海を北上中、十九日夜ころには樺太南西部に到着し得るものと判断される」旨通報された。師団はこの情報を急ぎ各部隊、関係部外機関に伝達し、警報を発した。歩兵第二十五聯隊に対しては、留多加の第三大隊の転用は先の命令どおりとし、聯隊主力の転用は中止を発令した。

十八、十九日ころ真岡市街及びその付近にいた部隊は次のような、戦力にならない部隊が多かった。

特設警備第三百五中隊（防衛召集を解除し、本部要員の将校三名、下士官五名のみ）、第五

方面軍航空情報隊第三監視隊、第五船舶輸送司令部大泊支部真岡出張所、船舶通信第一大隊第一中隊の一部、樺太憲兵隊真岡憲兵分隊、歩兵第二十五聯隊第一機関銃中隊松山分隊（松山武雄伍長以下九名、重機関銃二、真岡駅東側台上）、同聯隊砲中隊広瀬分隊（広瀬保軍曹以下一〇名、聯隊砲一、真岡港東側台上）、このほか真岡警察署が若干の銃を保有していた。

海岸から一～二kmの荒貝沢の谷地内にあった部隊は次のようであった。

歩兵第二十五聯隊第一大隊本部、第二中隊（一コ小隊欠、七〇～八〇名）、大和田小隊（第三中隊残留者主体、人員不祥）、第一機関銃中隊（一コ小隊・一コ分隊欠、九〇名）、第一大隊砲小隊（四七～八名）、沢田集成小隊（上敷香から撤収して来た初年兵主体、三八名）、工兵第八十八聯隊第四中隊第四小隊（三二名）、輜重兵第八十八聯隊第一中隊第三小隊（二六名）、第八十八師団衛生担架第三中隊第一小隊（四二名）。

真岡は西海岸随一の良港を有し、真岡支庁の所在地であった。日影館喜助支庁長、高橋勝次郎町長、三浦春見警察署長が官民の指導に当たった。真岡町では十七日から婦女子の緊急疎開を開始し、十九日夕までに六、〇〇〇名が出港した。十九日には二十日出帆予定の貨物船交通丸と機帆船数隻が港内に待機し、準備しているところであった。真岡には付近の引揚者のほか、恵須取方面からの避難民も到着して乗船を待っており、その数一万五千～一万八千名ともいわれた。また港内には、北部海岸から逃れてきた漁船や艀舟も並んで係留されており、その中には多くの婦女子が乗ったままであった。

十八日夕、ソ連船団北上の情報が伝えられたが、これに対する判断、対策は機微なところであった。十九日、仲川大隊は大隊旗や秘密文書を焼却し、冬服を支給するなど終戦処理業務に忙殺されていた。しかし、山沢聯隊長の戦後の回想によれば、聯隊本部はそれどころではなく、ソ連は昔から条約も国際法も無視する国だから必ず来攻する、と前から部下に示しておいたということである。

ソ連軍の真岡上陸計画

ソ連軍の最初の南樺太作戦計画においては、国境から進攻する第五十六狙撃軍団の第二梯隊である第二狙撃旅団が、第二防御地帯を一気に突破して南方に進撃する第三期作戦において、真岡に上陸する北太平洋艦隊と連係して南部樺太地区を占領することになっていた。

各地の作戦進展状況にかんがみ、ワシレフスキー極東ソ連軍総司令官は八月十五日、第二極東方面軍及び北太平洋艦隊に対して真岡上陸作戦の準備を命じた。日本が既にポツダム宣言を受諾し、終戦に向かっている時に、ソ連軍の作戦目的は何であったろうか。

ソ連側戦史は「八月十八日、日本政府は日本の無条件降伏に関する公式声明を行った。

今やソ連軍の任務は、いかに迅速に樺太南部地区を占領して日本軍隊とその物資財貨の本土引揚を阻止するかということにしぼられた」と述べている。日本は十四日夜以降ポツダム宣言受諾を公式に通告し、各方面第一線軍においても当面の連合軍に停戦のための接触を求めているのであり、十八日の日本政府の公式声明なるものが何を意味しているのかわからないが、ソ連軍の任務（上陸作戦の目的）はまことに正直に表現されている。

実はその上に、従来のソ連側戦史に全く触れられていなかった北海道上陸作戦との関係があった。この時期、ソ連は釧路市―留萌市以北の北海道北部を占領するつもりであり、そのための作戦基地は樺太南部に設けねばならず、使用兵力は大陸から転用しなければならなかった。その兵力の受け入れのために、真岡をぜひとも早急に占領する必要があったのである。

ソ連北太平洋艦隊（アンドレエフ海軍中将）の真岡上陸作戦計画の概要は次のとおりであった。

一　方針

八月二十日朝、上陸部隊を真岡港係留場に直接上陸させ、同日日没までに橋頭堡を確立する。爾後第百十三狙撃旅団をもって鉄道及び豊真山道に沿う地区を豊原方向に、海軍歩兵混成大隊をもって本斗方向に進撃する。

二　使用兵力及び船団・梯隊区分

使用兵力

艦艇一七（警備艦一、機雷敷設艦一、哨戒艇大型四、同小型七、魚雷艇四）、輸送船五、第百十三狙撃旅団、海軍歩兵混成大隊、艦隊飛行機（八〇機）

船団区分

第一上陸船団　哨戒艇七（各四〇〜五〇名乗船）
第二上陸船団　哨戒艇四（各二〇〇名乗船）
第三上陸船団　輸送船三（各八〇〇名前後乗船）
艦砲支援船団　警備艦一、機雷敷設艦一
警戒船団　魚雷艇四

梯隊区分

第一波　自動銃手で編成
第一梯隊　海軍歩兵混成大隊
第二梯隊　第百十三狙撃旅団

三　上陸戦闘部署

上陸部隊の任務

海軍歩兵混成大隊　真岡市街の中部及び東部を占領

第百十三狙撃旅団　真岡市街の北部及び南部を占領

上陸戦闘要領

第一上陸船団の一部艦艇群は真岡港の中央湾内に、その他の艦艇は南方砂嘴にそれぞれ突入し、八月二十日四時五十分上陸軍第一波を係留所に上陸させる。以後第二船団以下は時間間隔をあけることなく引き続きこれに準じて上陸する。

掩護飛行隊は、港湾に接近してくる敵の火器や予備隊に対して爆撃を加える。

ソ連軍、真岡に上陸

二十日五時四十分ころ、真岡北方八kmの幌泊監視哨から、ソ連軍艦らしいものが四、五隻幌泊に向かって来たが、すぐ方向を変えて真岡に向かったと真岡郵便局に連絡があり、直ちに各方面に伝達された。

ソ連側戦史では次のように記している。

ソ連上陸部隊はソヴエツカヤ・ガヴァニで十九日朝までに乗船し、六時五十分最初の船団が同地を出航した。午後から天候が悪化して速度は遅れ、霧が出て夜になると視界がますます不良となった。このため隊形が乱れ、第三船団が遅れてしまったが、翌朝これを発見して定位置につけた。悪条件が重なったため航路測定に誤差を生じ、一面海霧に覆われた真岡港の入口を探すため若干の時間を要した。

真岡市街東側の断崖上の監視哨広瀬分隊（山砲一を付す）も、同じころ真岡沖合の霧の中にかすかに大型軍艦数隻が停泊しているのを発見した。大隊本部からの指示は「分隊は現状維持、発砲は絶対禁止、ソ連艦艇の種類、数及び上陸の状況を報告せよ」であった。仲川大隊長は直ちに聯隊本部に報告し、状況確認のため、大和田少尉を長とする将校斥候を市街に派遣した。ところが、大和田将校斥候の報告に先立ち、不意に猛烈な艦砲射撃が始まり、真岡市街の一部が炎上しているようで黒煙が立ちのぼるのが見えた。

仲川大隊長は残存各部隊を荒貝沢及びその両側高地の反斜面（相手側から見えない反対側の斜面）陣地に配備し、ソ連軍の動向を監視することにした。各隊には別命あるまで発砲を厳禁して慎重を期して待機させ、町民の避難者には集積してある部隊の糧食及び被服等を交付し、豊原方向に誘導するよう処置した。また西海岸北方四〇kmの羽母舞にあった第四中隊に荒貝沢への前進を命じた。

広瀬分隊から視察していると、舟艇三隻が港に突進、漁港に向かった一隻が浅瀬に乗り上げた。左右にゆさぶったが離礁できない。他の二隻は真岡港に突進して行く。そのとき沖の軍艦から砲煙が一斉に上がった。陣地後方で破裂音、市街二、三カ所で火の手が上がり、郵便局付近に砲弾が落下する。上陸したソ連兵が住民を乱射するといった悲劇が眼下で不意に始まった。

まもなく大和田将校斥候も帰還して、ソ連軍舟艇の真岡港における座礁と、その直後艦砲射撃が開始され、真岡町の山腹付近の家屋が延焼中であることなどを報告した。仲川大隊長は新たに将校斥候一組を真岡港付近に、下士官駐止斥候一組を荒貝沢南側の西端に派遣した。

ソ連側戦史による上陸の状況は次のように描かれている。

第一上陸船団（魚雷艇七隻）は信号によって一斉に上陸地点に向かい係留場に横付けになると、三〜四分後には上陸部隊第一波を上陸させた。輸送を終わった各艇は針路を反転したが、この際上陸した部隊が敵の砲台や機関銃火点を射撃して魚雷艇を掩護するなど、陸海両者の緊密な連係行動が見られた。一方接近する際、海霧のために主力から離れてしまった一隻の魚雷艇は、信号が出されたころ湾の北部を発見してその埠頭に向かって前進した。あと岸まで一〇メートルというところで座礁し、自力脱出を試みたが失敗に終わった。これは直ちに日本軍の発見するところとなり、間髪を容れず砲、機関銃の射撃が開始

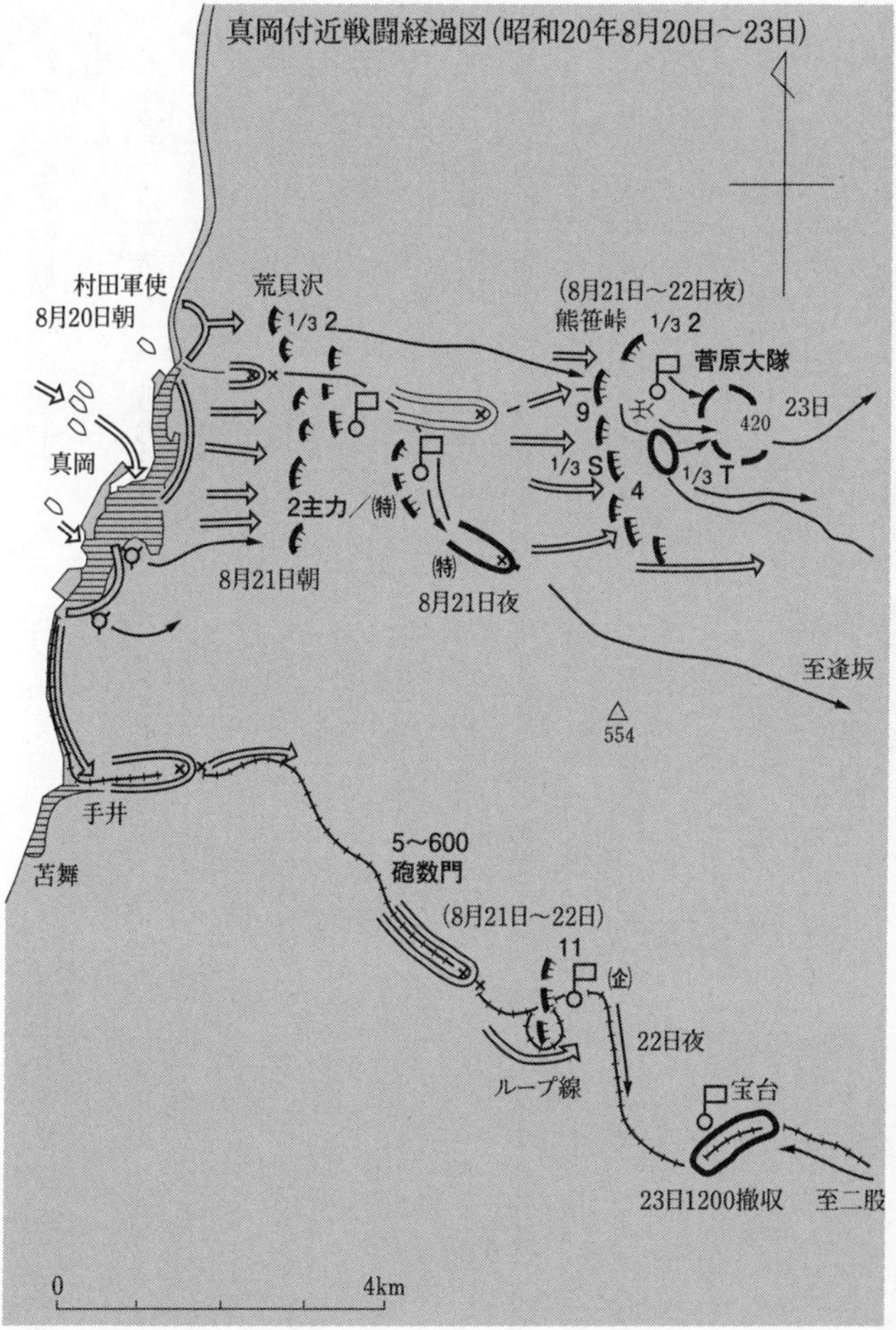

真岡付近戦闘経過図（昭和20年8月20日～23日）
村田軍使
8月20日朝
荒貝沢
1/3 2
(8月21日～22日夜)
熊笹峠
1/3 2
菅原大隊
9
420
23日
真岡
1/3 S
4
1/3 T
2主力／(特)
8月21日朝
(特)
8月21日夜
至逢坂
554
手井
苫舞
5～600
砲数門
(8月21日～22日)
11
(企)
22日夜
ループ線
宝台
23日1200撤収
至二股
0
4km

されたが、艇の機関銃の連射でそれらの日本軍を撃滅し、その後救援の僚艇が浅瀬から引き出した。

　上陸第一波の諸隊は、敵の抵抗が増大してきたにもかかわらず、じりじりと地歩を拡大し、上陸四〇分後には港の係留場を占領した。一部を除いて上陸船団は計画どおり予定の場所、順序で上陸した。第一波の戦果を拡張する海軍歩兵大隊（第一梯隊）は、十二時港湾諸施設を占領すると、市街の中央部から東部にかけての戦闘に突入した。第百十三狙撃旅団（第二梯隊）は、上陸後市街の北部及び南部の攻撃を展開した。

　真岡港や市街の戦闘は激戦であった。砲兵や機関銃の支援を受ける兵力約二コ大隊の日本軍は、頑強な抵抗を示した。自動銃中隊は、港湾防衛に任ずる日本軍の一隊を攻撃して、日本兵八〇名を捕虜にした。上陸軍の進路を阻む敵の機関銃火点等を撲滅する的確な艦砲の一斉射撃は、上陸部隊将兵の士気を高揚させた。十四時、上陸軍は真岡市街及び港湾を占領した。日本軍は、将兵の戦死三〇〇名以上、捕虜約六〇〇名の損害を残して、鉄道や舗装道路沿いに樺太内部に後退しはじた。

　ソ連側戦史がいかに描こうが、真岡市街や港湾を守る戦闘部隊はなく、トーチカその他の防御施設もなかった。東側台上に配置された監視哨二コ分隊も射撃することなく荒貝沢である。鉄道や豊真山道沿いに後退したのも日本軍ではなく、必死の避難民であった。不幸なことに警防団や国民服を着ていた人達が、軍隊と区別できず特に狙われたようである。ソ連軍はここでも自ら作り出した幻影と激戦を交えたようである。悲劇であったのは、真岡の一般町民が、幻の日本軍に擬せられたことであった。

高橋町長は、助役、第一国民学校教頭らと校庭で集められた御真影を奉焼していたところ、突如ソ連軍の艦砲射撃が始まった。町長は人々を避難させ、一人学校の仮町長室に居た。ソ連兵が侵入して取り調べるのに英語で町長、町長といったが通じず、北浜町の岸壁に連行され人々と一列に並べて自動銃を乱射され、重傷を負った。漁船の陰で三日間過ごし、後助けられて病院に入った。

警察署ではソ連艦船発見まもなく非常召集がかけられ、三浦署長以下署に集まり、小銃と弾丸が配布された。署長らが訓示をしているところに突如艦砲射撃が始まり、ソ連軍が上陸して攻撃を始めたので、逃げまどう人達を誘導するため一部の署員は駆け出して行った。銃砲火が一段と激しくなり、庁舎前の防空壕に署長以下入った。ソ連兵が進出して壕に銃弾が撃ち込まれて負傷者が出た。ソ連兵を刺激しないように戦闘帽とゲートルを外し、国防色の上着は脱いで外に出た。署長は殺されても制服で出るといって出て、たちまちソ連兵に拉致されたが、無事だった。

真岡中学校教練教官江村孝三郎少尉は今はこれまでと思い定め、夫人と子供三人、たまたま来ていた隣家の夫人と子供を諭し、一同仏間に集まり壮絶な自決をした。真岡神社の神官湖山寛氏も白装束に身を固めて自決した。

中でも涙なきを得ないのは、通信維持のための電話交換という職務の重要性を自覚し、優先引揚の指示を断って郵便局に残った九名の乙女たちの最期である。ソ連軍のあたりかまわぬ乱射乱撃の修羅場の中で、彼女らは最後まで泰然として職場を守り、いよいよソ連兵が迫るや静かに毒薬を仰いで花と散った。「皆さん、さようなら、さようなら、これが最後です」の言葉とともに、その短い生涯を閉じた健気な乙女たちの死を忘れることはできない。

仲川大隊長は、当初から軍使の派遣を考え、発砲を禁止していた。谷間には依然霧がたちこめており、霧の中で彼我衝突する事態も予想されたので、七時三十分ころ軍使の派遣を決定した。八時やや前、大隊副官村田徳兵中尉以下一七名を出発させた。人数が多いのは、護衛と逓伝哨（いくらかの距離ごとに兵を置いて連絡をとるもの）を同行したためである。九時ころ、軍使一行は荒貝沢の出口付近でソ連兵に制止され、その指示に従い武器を地上に置いたところ、ソ連兵は突然軍使一行に自動小銃を乱射し、ほとんど全員が射殺された。

辛うじて逃れた護衛兵松木一等兵が、十時やや前帰り着きこの状況を報告した。

軍使射殺はただちに聯隊長に報告された。ややしばらくして、「衛戍勤務令第十二条、第十三条に基づき行動せよ」との指示が大隊に届いた。この規定とは今日的にいえば、警察官職務執行法のようなもので、戦時戦場とは全く違う考え方（自衛あるいは暴行鎮圧のためやむを得ぬ兵器の使用）である。下士官駐止斥候の報告では、敵は戦車らしい車両、火砲、自動車等の陸揚げを実施中で、橋頭堡を逐次山腹まで拡大しつつあり、上陸した敵兵は町の諸所に自動小銃等をもって射撃し、非戦闘員たる真岡町民を殺傷し、また放火略奪を始めているとのことであった。

ソ連軍は、十五時三十分ころになって、はじめて豊真山道に沿う地区から仲川大隊の前に進出して来た。ここで避難民の退路を保持していた大隊との間に小戦が交わされるようになった。しかし、ソ連軍主力はこの日市街地から進出しなかった。ソ連軍機は一日中、真岡、逢坂に対し、間欠的に爆撃を繰り返した。

山沢聯隊長は、仲川大隊の報告と艦砲射撃によってソ連軍の攻撃を承知し、留多加の第三大隊主力を逢坂に招致する措置を講じ、西海岸南方の広地—本斗間にあった第一中隊、羽母舞にあった第四中隊を仲川大隊後方の熊笹峠に、留多加の第十二中隊を本斗に移動するようそれぞれ手配した。また第一大隊との連絡のため歩兵砲大隊長菅原養一少佐を荒貝沢に派遣した。菅原少佐が伝達した山沢聯隊長の指示は、次のようなものであった。

真岡に上陸したソ連軍が豊原市に侵入すると、豊原以北の住民の北海道引き揚げが不可能となる。しかし、終戦の詔書も出たことでもあり、ソ連軍と話し合いをして、双方そのままで相対峙し、時間を稼ぐことが必要である。このため上司から別命あるまで現位置にとどまることが得策である。なお、現位置の保持困難な場合、次の要点は熊笹峠である。万一敵がこれを認めない場合は、自衛のため交戦してもやむを得ない。この場合でも、こちらから先に発砲しないように。

第八十八師団は、ソ連軍の真岡上陸にともない、西能登呂岬の歩兵第二十五聯隊第二大隊の本斗方面転用を企図し、移動準備を命じたが、実行するにいたらなかった。また恵須取方面のソ連軍に対処するため久春内に派遣した歩兵第三百六聯隊第二大隊を落合付近に配備変更した。ソ連軍の豊真線沿いの東進を予想し、工兵聯隊は隧道の閉塞及び高架鉄橋の爆破を計画、準備したが、方面軍の停戦命令もあって実行するにいたらなかった。

樺太方面におけるソ連軍の不信行為なかんずく真岡における軍使射殺等について、方面軍は大本営を通じて抗議した。関東軍がソ連軍代表に申し入れたところ、ソ連側は「該事件の時期、地点、軍使の編成、任務、人名、当時の状況、貴方面軍において採りたる処置に関して承知したし」と悠長な返事をよこしただけで、情勢急転回の中でウヤムヤに終わった。

ソ連軍の南下と停戦

全般情勢

既に触れたように、大本営は八月十五日夜、大陸命第一三八一号をもって、すべての直隷（大本営直轄）各最高指揮官に対し、「各軍ハ別ニ命令スル迄各々現在ノ任務ヲ続行スヘシ　但シ積極進攻作戦ヲ中止スヘシ」と、停戦に関する最初の命令を出した。しかしこれは極めて不徹底な命令で、ソ連軍の攻勢に対して防勢作戦を行っている各軍には関係なく、中止すべきような進攻作戦を行っている部隊は全戦域を通じてなかったから、ほとんど意味をなさない命令であった。

トルーマン大統領によって連合国最高司令官に任命されたマッカーサー元帥は、八月十五日夜、「なるべく速やかに戦闘行動を停止するため、直接日本官憲との間において取り決めを行う権限を与えられた」ことを、重慶放送によって日本大本営あて放送した。次いで十六日午前、連合国最高司令官の名において、日本国天皇、政府、大本営宛に戦闘停止を命じ、代表連絡者をマニラに派遣するよう要求した。

　このマッカーサー元帥の通達に基づき、大本営は十六日十六時、大陸命第一三八二号をもって、直隷各最高指揮官に対して「即時戦闘行動ヲ停止スヘシ　但シ停戦交渉成立ニ至ル間敵ノ来攻ニ方リテハ止ムヲ得サル自衛ノ為ノ戦闘行動ハ之ヲ妨ケス」と命令した。しかし、ソ連軍の進攻正面で起こっている戦闘は、すべてソ連軍から攻撃を受けて自衛上これに応戦していたのであって、この命令も現任務続行に等しいものであった。さらに大本営は、この大陸命にもとづく「戦闘行動停止のための局地停戦交渉及び武器引渡し容認」の指示は、各戦域の状況によるものとし、関東軍に対しては十六日付であったが、第五方面軍に対しては十九日付（大陸指第二五四六号）となった。このため、樺太方面における停戦は、満州方面の大勢よりも遅れることになった。

　しかし、この停戦の遅れは、大本営の責任だけではなく、八月十五日以降にソ連軍が強襲攻撃によって各地に戦面を拡大したこと、第五方面軍がソ連軍の北海道進攻を警戒して、第八十八師団に自衛戦闘の継続を強く指導したことによる。日本側の措置の功罪については、また後に述べることにする。大本営は十八日、大陸命第一三八五号により、直隷各最高指揮官及び参謀総長に対し、別に示す時機以降作戦任務の解除と一切の武力行使の停止を命令した。本来からいえば、即時停戦命令が最初に出されるべきであったろうが、樺太方面については必ずしもそう言いきれないところがあるのは、既にいくらか触れたところである。

ソ連軍の南下と第八十八師団の停戦交渉

既述のとおり、気屯における現地停戦交渉は不調に終わった。日本側は、第五方面軍の指導によって、まず停戦、その場において交渉、ソ連軍が進攻を続けるならばその位置において断固自衛行動を敢行するという。ソ連側は、日本軍がまず停戦して白旗を掲げ、武器を捨て降伏せよ、ソ連軍は上司の命令に基づき、日本軍の行動の如何にかかわらず予定目標大泊へ前進するという。これでは、交渉が成り立つわけがなかった。

国境方面のソ連軍戦車の南下が急なので、引き揚げの遅れている敷香付近の住民を掩護するため、実力をも使用して上敷香以北の森林内でソ連軍の南下を阻止する目的で、鈴木第八十八師団参謀長自ら一部隊を率いて北上することになった。鈴木参謀長は、地形に明るく訓練、団結も行き届いている歩兵第二十五聯隊第一大隊（仲川義夫少佐、落合から真岡に移動したばかり）を起用することにした。ところが、この命令を発した直後の十八日昼ころ、海軍からソ連輸送船団北上中の通報を受けた。そこで、仲川大隊の起用をとりやめ、やむなく編成後日が浅く、地形も知らない歩兵第三百六聯隊第三大隊主力（塩沢正三大尉、半コ大隊）に山砲一コ小隊（二門）を加えた兵力とし、十九日朝、鈴木参謀長自らこれを率いて北上した。

敷香町では、既述のとおり福井方面軍参謀らの措置によって、十三日に老幼婦女子を乗せた避難第一列車が出た。入れ替わりに奥地から多数の避難民が流れ込み、町は混雑した。十七日トラックを集めて老幼弱者を内路方面へ送った。壮健な人々は町に止まり、十九日ソ連軍戦車南下の報によって、前進妨害の作業に出た人もあった。前方の上敷香では、十七日に緊急疎開が行われた。筑紫師団参謀以下戦闘司令所は十九日まで留まり、その日も上敷香北方に進出したソ連軍戦車部隊と再度停戦を交渉したが不調に終わり、夜内路に向かい引き揚げた。敷香でも二十日朝から残留者の総引揚となり、助役以下吏員はじめ多数の人々が知取《シリトル》に向かい徒歩で南下した。

鈴木参謀長は、上敷香北方の森林内に集積してあるガソリンで大樹海を火の海とし、これによってソ連軍の南下を阻止するのが最善と考えた。しかし、二十日早朝、参謀長一行が内路南方の泊岸に達したところ、師団長から「ソ連軍戦車部隊は既に上敷香に進出せり、貴官は直ちにこれと停戦交渉を行え」との命令が届いていた。もはや大山火事作戦は不可能となったので、参謀長は列車を内路に止め、塩沢大隊に同地付近に陣地を占領させ、自身は参謀部付の平島邦雄大尉と大学法科出身の岩井良雄少尉、無線分隊、軽機関銃二コ分隊をトラック二台に分乗させて上敷香に急行した。上敷香の旧師団司令部で、鈴木参謀長はソ連軍の大佐を相手に三時間にわたり交渉、激論したが、相手はとにかく命令だから大泊まで行くの一点張りで、遂に交渉決裂、正午ころ席を立たざるを得なくなった。

南下するソ連軍戦車を振り切るように、参謀長一行は内路に帰りつく。電話線が切断されていて、師団司令部との連絡がとれない。地理不案内の塩沢大隊はよく偽装された既設の堅固な陣地を発見できず、稜線上に演習のように散兵線をつくっている。火薬庫も鍵がなく開けられず、地雷も爆薬も準備されていない。北東方の敷香方向から鉄道線路上を黒帯のように避難民が、西方の内恵道も恵須取方面から傷つき疲れ切った避難民が歩いて来る。内路川の橋や鉄橋には、兵器部の鈴木金太郎少尉のグループによって爆薬がしかけてある。

北方からソ連軍戦車が接近して来る。戦っても勝ち目はないし、避難民がそば杖を食う。橋梁を爆破すれば、ソ連軍戦車の南下を遅滞させることができるが、避難民の退路を断つことになる。鈴木参謀長は、内路の橋梁爆破を断念し、塩沢大隊を急ぎ国道から離れた複郭陣地に移動させ、トラックを集めて乗れるだけの人を乗せて発進させた。

二十一日未明、鈴木参謀長はトラックで知取に着き、後退して来た兵一〇〇名余を掌握した。北上の遅れた山砲も追及して来た。ここでも、戦うか、橋をどうするかが問題であった。知取川大橋の爆破が工兵第八十八聯隊第四中隊の手で準備された。しかし邦人の希望や犠牲を考え、戦闘を避け、橋の爆破も取りやめることにした。駅で連絡して、峯木師団長が北上中で、元泊《モトトマリ》駅で会える状況を知り、元泊駅に行く旨連絡して列車で南下した。いかに交渉しても、目的地占領までは前進を続けるというソ連軍が早晩樺太南部に進入して来るのは明らかであり、自衛戦闘によって南部樺太を死守せよという方面軍命令を師団が実行すれば、否応なく両軍の大衝突となり、軍民とも大きな惨禍を被ることは明白であった。峯木師団長は二十一日、方面軍参謀長萩三郎中将に電話をかけ、事態がここに至った以上、武装解除を行いソ連軍の進駐を許すほかない旨、方面軍司令官の認可を要請した。遂に方面軍司令官樋口季一郎中将も、「城下の盟もまたやむを得ない」と言ったと伝えられた。

そこで峯木師団長は直ちに蟹江元特務機関長、尾形雅邦樺太庁警察部長を伴い、列車で北上したのである。元泊駅で南下して来た鈴木参謀長と会い、報告や説明が行われ、翌二十二日師団長自ら交渉に赴こうとしたが、鈴木参謀長は二十二日もソ連軍の指揮官と会見する打ち合わせをしており、この件は参謀長が再度折衝するということになった。

この間に、既述のとおり、大本営は十九日付の大陸指第二五四六号により、「第五方面軍司令官ハ戦闘行動ヲ停止スルタメ局地停戦交渉及武器ノ引渡等ヲ実施スルコトヲ得」と示した。ここでようやく、方面軍も方針を変更し、二十日二十二時三十分、「一切ノ戦闘行動ヲ即時停止シ敵ト接触シアルモノニアリテハ各兵団毎ニ局地停戦交渉実施ノ上武器引渡ヲ実施スルコトヲ得」と命令した。これとほとんど並行して、峯木師団長が電話によって方面軍参謀長を経て、方面軍司令官の認可を得たことになる。

峯木師団長は、十九日ジャリコヴォにおける、関東軍総参謀長秦彦三郎中将と極東ソ連軍総司令官ワシレフスキー元帥との間の協定内容を第五方面軍から通報されており、これに準じて協定するよう鈴木参謀長に命じた。この関東軍と極東ソ連軍との間の協定なるものは、文書化して調印交換したものではなく、会見後日本側で合意内容を記録したものであるが、今日ではこれがほぼ正確な記録であったと判定できる。

二十二日午前知取中央消防署で、鈴木参謀長、蟹江特務機関長、尾形樺太庁警察部長らがソ連軍のアリモフ少将と会見し、峯木師団長がもたらした関東軍とワシレフスキー元帥との間の協定に準じ、協定は何の悶着もなくすらすらと成立した。その際、鈴木参謀長は、「邦人に対する略奪、暴行、強姦などのないこと、真岡に上陸したソ連軍の砲爆撃を直ちにやめること、真岡で発生した軍使射殺の再発防止、日本軍を捕虜と称せずその名誉を傷つけないこと、停戦伝達のため各地に派遣する将校にソ連軍将校を同行させること」などを要求した。いずれも直ちにソ連側の同意を得た。正式停戦協定成立は、二十二日正午過ぎであった。しかし、せっかく円滑に行われたこの合意の多くは、ほとんど実行されなかった。

それでも、急を要する停戦の伝達にはソ連軍も協力した。内路—恵須取方面には平島邦雄大尉がソ連軍少佐とともに自動車で出発、内路付近の山地で戦闘準備中の塩沢大隊に武装解除を伝え、内恵道を恵須取まで行ったが吉野部隊は見つからず、引き返して内路近くで同部隊と会い、見事な武装解除ができたことは既に記したとおりである。真岡方面歩兵第二十五聯隊にも急電が発せられ、豊原の師団司令部から吉松秀信大尉がソ連軍中尉とともに派遣された。この出発は二十三日となり、その前に激しい戦闘が行われた。

真岡の戦闘継続と停戦

真岡東側、荒貝沢の歩兵第二十五聯隊第一大隊（仲川義夫少佐）は、第二中隊（一コ小隊欠）と二コ小隊、第一機関銃中隊（北島幸市大尉）主力基幹とする小兵力で、正面三kmにわたり点々と要点を占領しているだけで、陣地はたこつぼだけであった。

二十一日朝、ソ連軍は荒貝沢の第二中隊前方の高地に姿を見せてその数は逐次増大し、豊真山道にも姿を現した。仲川大隊長は、「わが軍は既に矛を収めて無用の衝突は回避する方針だが、自衛のためやむを得ない場合は断固として戦うことを辞さない。ソ連軍は接近しつつあり、各隊応戦の態勢を整うべし」と命令した。やがてソ連軍との間に戦闘が始まり、豊真山道をはさんで北側地区と南部地区との連絡は途絶してしまった。優勢なソ連軍は九時ころから各種火砲の射撃に激しさを加え、歩兵は日本軍配備の広い間隙から後方へ浸透迂回した。このため、十時ころには大隊と聯隊本部との連絡も途絶し、大隊本部と各中隊等も個々に包囲された。仲川大隊長は今はこれまでと自決しようとしたが、新任の副官奥田富蔵中尉などに止められ、夜間離脱を決意した。

　大隊主力と分断された北島機関銃中隊は、ソ連軍がしだいに後方に迂回するので、ソ連軍の逢坂進出を熊笹峠で阻止するほかないと判断し、部隊をまとめて一挙に熊笹峠に後退した。同地で陣地占領中、歩兵砲大隊長菅原養一少佐に会い、その指揮下に入った。

　仲川大隊長は第二中隊とも連絡がとれ、大隊主力をもって日没とともに行動を開始し、間道づたいに敵中を縫って逢坂に向かった。

　留多加から転進した第三大隊（藤田幸夫大尉）主力が二十一日早朝逢坂に逐次到着した。歩兵第二十五聯隊長山沢饒大佐は、三時ころ到着した第九中隊を熊笹峠に配備させ、五時ころ到着した藤田大隊長を熊笹峠に派遣して第一大隊の後方に第二線陣地を設けさせ、同時に到着した第十一中隊をもって豊真線沿いのソ連軍の東進を阻止させることにした。そのしばらく後、豊真線沿いに進入したソ連軍が相当の大部隊であることを知り、この方面に危険を感じた山沢聯隊長は、藤田大隊長を急ぎ豊真線沿い宝台方面の第十一中隊正面に向かわせた。このため、歩兵砲大隊長菅原少佐に熊笹峠の守備を強化させることにした。

十三時三十分ころ熊笹峠に到着した菅原大隊長は、我々は住民の引き揚げ完了まで死守すると宣言し、所在部隊を併せ指揮して同地の守備についた。防御配備が一段落したころ、ソ連軍の攻撃が始まった。ここには何の陣地設備もあったわけではなく、たこつぼすら掘りかねたところもあった。ソ連軍の迂回に対処するため衛生小隊までも起用されて第九中隊の左に展開した。熊笹のため見通しが悪く、戦勢変化を掌握することは極めて困難であったが、この日は各隊それぞれの守備位置を確保した。

夜更けの二十三時三十分、羽母舞から急進して来た第四中隊が到着し、第九中隊の左に展開した。同時ころ菅原大隊長の指揮下にあった部隊は、次のとおりで、総勢三〇〇名に満たなかった。

第二中隊の一コ小隊、第四中隊（機関銃一配属）、第一機関銃中隊（機関銃三）、第一歩兵砲小隊（砲三）、第九中隊（機関銃一コ小隊配属）、輜重一コ小隊、衛生一コ小隊

豊真線沿いのソ連軍阻止の命令を受けた第十一中隊は、二股《フタマタ》から徒歩で十一時ころループ線付近に進出し、同地にあった一コ分隊と守備を交替した。この方面のソ連軍は砲数門

を持つ五〇〇～六〇〇名で、ループ線の西方にはかなりの兵力を集結しているようであった。この状況を報告しようとした無線機は発信と同時に集中火を浴びて破壊され、聯隊本部との連絡が途絶した。中隊長瀧本三雄中尉は配属の工兵にトンネルを爆破させ、線路沿いに進入するソ連軍の企図を封じた。

この方面の指揮を命じられた第三大隊長藤田大尉は、二股駅付近に集積されていた糧秣、弾薬を列車に積載して昼ころ到着した。第十一中隊長は攻撃によってソ連軍の東進を阻止する計画であったが、藤田大隊長はこれを中止させた。線路上から射撃を加えているソ連軍火砲に重擲弾筒で反撃したところ、一発が砲側に命中して一瞬にこれを沈黙させ、爾後彼我の射撃はやみ、両軍対峙したまま夜に入った。

山沢聯隊長は、真岡に上陸したソ連軍は国境から南下するソ連軍に先んじて豊原占領を企図しているものと判断し、極力逢坂で阻止するに決し、逢坂にある聯隊直轄各隊全力をもって集落北東側の山脚に最後の陣地を占領した。住民も郷土防衛隊を編成して集落の防御に当たった。ソ連軍は航空及び艦砲をもって、逢坂、二股付近に砲爆撃を加えた。

ソ連側戦史は砲爆撃の状況を次のように記している。

八月二十一日朝、艦砲支援艦艇は二股及び逢坂集落に砲撃を行った。砲撃は地域射撃であったが、その効果は狙撃旅団長の賞賛するところとなった。午後には飛行隊が悪天候をついてさらに大きな支援を行った。戦闘飛行隊は二八出撃を行い、二股駅と逢坂駅に大損害を与えた。しかし、日本軍の抵抗は依然として衰弱しなかった。

熊笹峠正面のソ連軍は二十一日夜も活発な動きを示し、一晩中彼我の銃声は絶えなかった。二十二日四時ころ、ソ連軍は攻撃を再開し、しだいに激しくなった。艦砲を含む砲爆撃が熊笹峠に集中され、ソ連軍歩兵はその支援下に自動火器を射撃しつつわが陣地に近迫した。第四、第九中隊は手榴弾戦を交えてこれを撃退したが、しだいに損害が多くなった。十一時、聯隊砲中隊長岡島哲夫中尉の指揮する七〇名（聯隊砲二、機関銃一）が到着し、ただちに戦闘に加入した。彼我の砲撃、手榴弾戦、白兵戦が入り乱れ、機関銃分隊や衛生隊も白兵戦を敢行して陣地の保持に努めた。

激戦が連続して損害は逐次増加した。菅原大隊長は、十四時ころ、長く同一地点を固守するのは不利なので、四二七高地を中心とする地区に戦線を縮小するに決し、十五時ころから各隊に命令を下達し、十八時ころ大隊本部も同高地に後退した。夜に入るに従い各隊は逐次後退して新配備についた。大隊主力の配備変更を掩護していた第四中隊の大半は戦死し、第九中隊長浅野貞夫中尉も戦死した。菅原大隊の収縮によって豊真山道南側が開放され、この方面からソ連軍の浸透が急速に進んだ。

豊真線ループ線付近の戦場も、一面熊笹の山であった。藤田大隊長は二十二日三時ころから新配備に移行させ、六時ころこれを完了した。ソ連軍は五時三十分ころから一斉に射撃を開始、午後になると隠蔽接近したソ連軍は喊声をあげて陣地に突入して来たが、集中火力を浴びせて撃退した。十六時ころ、南方を迂回した有力なソ連軍が中隊の側背から喊声をあげて突入し、前面のソ連軍もこれに呼応した。守備隊は白兵戦によって数回にわたりこれを撃退したが、迫撃砲の集中射撃を受けて損害が増加した。ソ連軍は戦車を投入し、飛行機による銃撃をも行った。藤田大隊長は昼前負傷し、瀧本中隊長も重傷を負った。薄暮ソ連軍が熊笹に火を放ち、守備地付近は猛烈な勢いで燃え始め、配備変更のやむなきに至り、瀧本中隊長の指揮によって逐次後退した。ソ連軍は日本軍の間隙からしだいに後方に進出した。

ソ連側戦史は二十二日の航空攻撃について次のように記している。

八月二十二日、艦隊飛行隊は六一出撃で簡易火点二八を撲滅し、多数の倉庫、建造物等を破壊した。飛行機の行動は、日本の航空戦力がなかったとはいえ、戦場と飛行基地（ソヴエツカヤ・ガヴァニ）が長距離であったため困難を極めた。南方に撤退した日本軍が飛行場をすべて破壊して行ったため、その復旧に時間が必要であった。二十二日昼、艦隊空挺部隊が使用可能な小能登呂飛行場（真岡北方二〇㎞）を占領したが、この時既に日本軍の抵抗も崩壊してしまっていた。

二十二日夕刻、山沢聯隊長は「俘虜となるも停戦せよ」という師団命令を受領した。同聯隊長は、ロシア語の堪能な第一大隊村山康男主計中尉以下五名を軍使として、二十時二十分ころ逢坂を出発させた。軍使一行は自動車上に大白旗を立てて熊笹峠方向に前進、逢坂西方四km付近でソ連軍トラックに道をふさがれ、不意に集中射撃を受けた。二回目の集中射撃で軍使以下三名が倒れ、ラッパ手と操縦手は負傷したが、大白旗を振ってようやくソ連軍も理解し、ラッパ手にメモを持たせて帰し、操縦手は人質として止め置かれた。ラッパ手は二十二時逢坂に帰って聯隊副官石黒粂吉大尉に報告した。メモには「午前零時ラッパを吹かせて聯隊長が峠に来れ」とあった。聯隊長は石黒副官を軍使として派遣、聯隊長自ら来れの要求を受けて聯隊長自ら交渉に赴き、二十三日二時ころ戦闘停止を確認した。ソ連軍との事務的折衝は高級軍医吉岡武雄少佐、石黒副官らが当たり、円滑に進められた。

第一線各隊に対しては、聯隊本部付の宮下安一大尉を熊笹峠の菅原大隊に派遣、同大尉は敵中を突破して二十二日夜菅原大隊に至り停戦命令を伝えた。菅原大隊はソ連軍との接触を避けながら逢坂に向かったが、聯隊本部と連絡がとれず、北東に進んで樺太山脈を越え、川上炭鉱に出て武装解除し、九月四日豊原に至った。その他の部隊に対しても河崎獣医大尉などの将校伝令により停戦命令を伝え、二十三日中にそれぞれの地点で武装を解除した。しかし、第十一中隊の一部はこれを忌避して留多加に行き、同地で解散した。荒貝沢から離脱した仲川大隊は、変装した衛生下士官によって二十四日聯隊本部と連絡を回復し、二十六日、豊原南西七㎞の並川村において自ら武装解除し、豊原に至った。本斗の第十二中隊は留多加に移動中、二十四日中隊長の独断で解散、中隊長だけが留多加に連絡に来た。その後命令によって再度集められたのは約半数であった。

真岡の戦闘の戦死者は、直後の調査では歩兵第二十五聯隊で一〇五名、これを含めて師団固有部隊の戦死者は一三七名とされているが、その後の調査では三〇〇名を越えるとみられている。

豊原及び大泊方面の状況

豊原市は行政の中心であると同時に、交通上の要点であり、敷香、恵須取、真岡の各方面から避難民が続々と集中し、街はゴッタ返していた。特に豊原駅前広場には数千人が群れ集まっていた。二十二日十五時三十分から十六時二十分にわたり、ソ連軍機九機が二回、豊原駅及び北豊原駅付近を銃爆撃した。駅には大白旗を掲げ、救急所の天幕には赤十字が明示してあるのに、爆弾五〜六発、焼夷弾約二〇発の攻撃を受け、豊原駅は半壊し、駅前広場の避難民は吹き飛ばされて一〇〇名以上の死者を出した。焼夷弾による火災は夜中燃え続け、翌朝までに駅の南四〇〇戸が燃え尽きた。

ソ連軍は、峯木師団長が豊原に帰還する列車に、護衛と称して約一コ中隊を同乗させた。列車は二十三日朝豊原に着いた。

第五方面軍は、自衛戦闘継続から急ぎ戦闘停止に方針を変換し、二十一日これが徹底のため方面軍参謀副長星駒太郎少将を樺太に派遣することにした。ところが、輸送機の故障でこの日は飛べず、二十二日ソ連軍機の間隙をぬって夕刻豊原に到着した。二十三日朝峯木師団長の帰着を待って星参謀副長は方面軍の意図を伝えたが、既に前日の二十二日に師団は知取において停戦協定を成立させ、真岡方面の戦闘も終息したところであった。自衛戦闘継続をたびたび指導しながら、重要な時期に方面軍からただ一人の来島もなかったのは、方面軍の統帥として不十分といわれても仕方がなかった。二十三日午後遅く、星参謀副長は大泊飛行場から札幌に向かった。その下の宗谷海峡を、北海道に向かって走る船の列が続いていた。ソ連軍はその数時間後に日本人の島外移動を禁止した。

二十三日十四時ころ、ソ連軍戦車の先遣隊が豊原に進入、同深夜に列車で約五〇〇名のソ連軍が豊原駅に到着した。二十四日早朝アリモフ少将が戦車隊を従えて到着、日本軍の指揮権、軍用施設、兵器、資材等すべて接収された。樺太庁の行政も停止させられた。師団司令部は司令部として使っていた博物館を出て武徳殿に入り、ソ連軍歩哨の監視下に入った。

ソ連側戦史による大泊への進出は次のように記されている。

八月二十三日夜半、第百十三狙撃旅団が二股集落を占領したが、日本軍の組織的な抵抗に遭遇することなく、留多加―大泊方向に進撃を続けた。このころ北太平洋艦隊司令部では、日本軍が樺太から引き揚げる最後の絆を断つため、二十二日朝海軍歩兵三コ大隊を集結、海軍歩兵混成旅団を編成した。二十三日早朝小艇や掃海艇に分乗して真岡を出発、大泊に上陸することになっていた。二十三日五時三十分、上陸軍を満載した機雷敷設艦一、掃海艇八、駆潜艇四、魚雷艇六が真岡を出港した。しかし夕刻からの暴風のため曳航ロープは切れ、魚雷艇は損傷し、二十四日朝本斗港に避難した。二十四日二十時本斗港を出航し、二十五日六時大泊港の掃海が終わったので上陸を開始した。このころ地上を前進した第百十三狙撃旅団は、市街の東端まで接近していた。十時大泊海軍根拠地は、日本軍の抵抗を受けることなく占領された。

一方、第五十六狙撃軍団の先遣隊は南樺太の首府豊原市に進入し、八月二十五日正午、樺太島の戦闘行動はここに終結した。本作戦の結果、敵の樺太地区集団は殲滅され、ソ連軍は、日本軍将兵一八、三二〇名の捕虜と多数の鹵獲品を獲得した。

海軍武官府が、軍使として増永宏海軍主計大尉を派遣したところ、ソ連軍はここでも軍使を射殺してしまった。アリモフ少将から比較的行動の自由を許された鈴木第八十八師団参謀長が現地に出向いて抗議したが、「交渉の際刀を抜いて斬りかかろうとしたので、やむなくやった自衛のための処置」と言われ、どうにもならなかった。

ここで、樺太庁が中心となって行った邦人の避難、引き揚げの状況について概観しておこう。緊急輸送協議会（樺太庁、鉄道局、船舶運営会）が輸送計画を定め、樺太庁長官の指揮下に実施、陸海軍は輸送手段の提供を含め、掩護、誘導その他の協力を行った。

乗船港と主要な船舶の配当

大泊——稚泊連絡船の宗谷丸、白河丸、白竜丸、泰東丸、剣山丸、海軍の特設砲艦第二新興丸等一五隻

本斗——稚斗連絡船の樺太丸、他に大型発動機船約三〇隻

真岡——大宝丸、第十八春日丸等貨客船の他発動機船

疎開列車等

樺太東線　古屯—大泊間

樺太西線　久春内—本斗間
恵須取—久春内間にはバス及びトラックを動員

実施状況については、第一船宗谷丸は十三日夕大泊を出航した。定員七九〇名に対して乗船者六八〇名であった。引き揚げ準備が間に合わない家庭が多かったのが原因のようである。この時の疎開者の多くが軍・官庁関係者家族だったので後日非難される結果になったといわれる。これは、満州で新京からの引き揚げ第一列車が同じような状況となって関東軍が非難されたが、これらの家族は一般住民に比べて係累も少なく、移動に慣れていて手回しよく指示に従った結果であろう。

その後、船には定員の二〜三倍をすし詰めにするよう臨機に取り計らったが、大泊港には続々と集まる引き揚げ者が港や市街に溢れて居場所もなく、引き揚げ列車を豊原等に止めて下車させたほどであった。

真岡では十六日夕から引き揚げが開始され、十九日夕まで出港が続いたが、二十日早朝のソ連軍の上陸によって、多くの待機中の船を含めて出港が不可能になった。本斗では、十八日樺太丸等で引き揚げが開始され、二十日貨物船能登呂丸、海防艦大泊も回航されたが、真岡の惨状が伝えられ、両船と数隻の発動機船を最後に打ち切られた。大泊では十三日の第一船以後、次々と出港したが、ソ連軍が日本人の島外移動を禁止した二十三日夜脱出した宗谷丸、春日丸が最後となった。

厚生省資料によれば、樺太庁の計画による北海道への緊急疎開者は約七六、〇〇〇名で、その後を含めて自力で脱出した者約二四、〇〇〇名となっている。合計約一〇万名で、島民の約四分の一であった。

厚生省資料によると、樺太における日ソ戦闘間の軍人の戦死及び不明は約二、〇〇〇名、同じく日ソ戦闘間、ソ連軍の爆撃及び地上戦闘による島民の犠牲者は、主なものは真岡約一、〇〇〇名、塔路約一七〇〜一八〇名、恵須取約一九〇名、豊原約一〇〇名、敷香約七〇名、落合約六〇名等で、その他合計約二、〇〇〇名であり、次項に記す引き揚げ船攻撃による犠牲者約一、七〇〇名をこれに加えなければならない。

その他全般状況等

北海道北部の占領をトルーマンに拒否された後も、スターリンは何ら決心を示さず、極東ソ連軍はタイムスケジュールに従って作戦準備を進めた。真岡上陸の翌二十一日十四時、ワシレフスキー極東ソ連軍総司令官は、第一・第二極東方面軍司令官、太平洋艦隊司令官及び空軍総司令官に対し、二十一日中にウラジオストクの第八十七狙撃軍団の乗船開始、二十三日までに第九空軍及び太平洋艦隊航空部隊の主力基地を樺太に移して北海道占領に参加を準備、北海道上陸作戦の開始時期は自ら指示する旨命令した。このため、樺太南部地区の占領が急がれていたのである。二十二日になって、ようやくスターリンは十八日に受領したトルーマンの北海道占領拒否の書簡に対する回答を送った。スターリンは不満あらわではあるが北海道占領を断念し、同時にトルーマンが要求した千島列島中の一つに米軍航空基地を設けるという要求をにべもなく断った。

この間もソ連軍の北海道上陸作戦準備は大車輪で進められたのであり、ソ連軍が上陸を予定した留萌沖で、樺太からの避難民を満載した日本船三隻がソ連潜水艦の攻撃を受けた。小笠原丸（一、四〇〇トン）は、二十二日四時半ころ留萌南西沖で雷撃を受けて沈没、乗船人員約七〇二名中六四一名が死亡した。海軍の特別砲艦第二新興丸（二、七〇〇トン）は、二十二日五時過ぎ留萌北西沖で雷撃を受け、船尾を破壊されたが浮上した潜水艦と砲戦を交えて反撃した後、留萌港に達した。乗船人員三、六〇〇名中死亡二五〇名、行方不明一〇〇名。泰東丸（二、〇〇〇トン）は二十二日十時ころ留萌西方沖で雷撃を受け、乗船人員七八〇名中六六七名が死亡した。また二十二日十五時ころ能登呂丸（一、一〇〇トン）が避難民を迎えに行く途中、宗谷海峡においてソ連軍機三機の攻撃を受け轟沈した。終戦から既に一週間を経た時期に、戦闘と全く関係のない引き揚げ船に対する攻撃によって、総数約一、七〇〇名の犠牲者が生じた。

二十二日十七時ワシレフスキー総司令官は、太平洋艦隊に対して、「特別の許可あるまで北海道上陸作戦をさし控えるが、第八十七狙撃軍団の輸送は継続し、同軍団先遣部隊の樺太から南千島諸島への輸送の可否を検討」するよう命じ、さらにその後、「連合国との間に紛争や誤解が生じるのを避けるため、北海道方面に一切の艦艇、飛行機を派遣することを絶対的に禁止」するという電報を打たせている。明らかにこの時点で、北海道上陸作戦は中止されたのである。この中止の理由については後に検討することにするが、この時まだ樺太の占領は終わらず、千島でも最北端の占守島が停戦しただけで、それ以南にはまったく手を染めていなかったのである。

北海道上陸作戦断念に引き続き、翌二十三日付でソ連国家防衛委員会決定による「日本軍捕虜五〇万人の受け入れ、配置、労働利用について」という極秘指令が出た。これは極めて詳細な計画であり、対日参戦前から準備していたものと見るのが妥当であろう。しかし、既述のとおり八月十六日には、ソ連領への捕虜移送は行わないとしたのも事実であり、ここで重大な決心の変更が行われたものといえる。

樺太の占領がほぼ終わった二十五日の日付で、スターリンはマッカーサー司令部にいるデレヴィヤンコ・ソ連代表に対する指令書を発し、北海道占領要求をトルーマンが拒否したため引っ込め、東京駐留問題も提起する必要なしと十七日付の指令書を撤回した。これによって、スターリンは予定地域の確実な占領と、捕虜・資産等の確保に集中する方針を固めたものと推測される。こうして、満州方面の全面的占領確保と同時に、千島をいかに早くどこまで占領するかが次の重要な問題となるのである。

第四章　千島における対ソ戦とソ連軍の進出

彼我の態勢、計画

千島の地誌

千島は地理的には千島列島、色丹《シコタン》島及び歯舞《ハボマイ》群島に分けられる。さらに千島列島は歴史的に択捉《エトロフ》島以南を南千島、得撫《ウルップ》島から雷公計《ライコケ》島までを中千島、捨子古丹《シャスコタン》島以北を北千島と称したので、本書でもその区分による呼称を使っている。

千島列島という呼称について、政治的には難しい問題がある。いわゆる北方領土の問題である。北方領土は、第二次世界大戦終末時以来ソ連及び引き続いてロシアの占領下にあるが、日本は、一八五五年に日本とロシアが最初に結んだ日露和親通好条約でも合意したところによって、北方領土は日本の固有の領土であるとしてソ連、引き続いてロシアに返還を要求している。その日本政府の主張において、国後島、択捉島、色丹島及び歯舞群島は日本がサンフランシスコ講和条約で放棄した千島列島に含まれないという言い方をしたので、ややこしくなったのである。

　また、日本とロシアが最初に国境を規定した一八五五年の「日露和親通好条約」第二条に、「エトロフ島全島は日本に属し、ウルップ島全島より北の方クリル諸島は魯西亜に属す」とあることから、ウルップ以北のみをクリル諸島といい、千島列島と同じではないという解釈もある。しかし、ここでは政治的主張とは切り離して、地理的区分による呼称を用いた方が混乱が少ないと思われることだけが、本書の区分、呼称採用の理由である。

　色丹島及び歯舞群島は、千島火山脈の圏外にあり、地質、地形上も北海道花咲半島の延長にあり、明らかに千島列島とは違う。しかし、北海道本島と区別して「千島」と総称する場合にはこれらも包含するのが、歴史的な呼び方であり、目くじらを立てることもないであろう。

「千島」は、大小三〇余の島々からなり、総延長約一、二〇〇km、総面積一〇、三九五平方kmで、岐阜県にほぼ等しい。「千島」の中で最大の択捉島は三、一三八平方kmで鳥取県よりやや小さく、第二の幌筵《パラムシル》島は二、〇一四平方kmで東京都にほぼ等しい。「千島」で唯一激しい戦闘が行われた列島最北端の占守《シュムシュ》島は三八五平方kmで、種子島より少し小さく伊豆大島の二・五倍を超える。

　千島列島は、かなりの高度をもつ火山質列島であり、地勢は険峻で、今なお火山活動を行っているものがある。海岸線は断崖が連続し屈曲に乏しく、港湾を得にくい。各島は高く険しい山岳が聳え立ちあるいは重畳し、諸所に深い谷、その間に沼沢地、湿地を交えあるいは台地をつくっている。色丹島と歯舞群島、及び千島列島では、占守島だけがおおむね平坦な波状地または段丘状をなしている。南千島においては鬱蒼とした森林に覆われているが、北に行くに従い樹木は矮小になり、北千島においては身長以下のハイ松の類が多く密生している。

冬季の気象、海象は厳しいが、夏季は低気圧の襲来時を除いて比較的穏やかである。しかし特有の濃密な海霧の発生のため、日照時間が少ない。

行政上は、歯舞群島は北海道本島の花咲郡に本村を置く歯舞村、色丹島は色丹郡色丹村、国後《クナシリ》島は国後郡泊村と留夜別《ルヤベツ》村の二村、択捉島は択捉郡留別《ルベツ》村、紗那《シャナ》郡紗那村、蕊取《シベトリ》郡蕊取村の三村からなっていた。得撫島以北は町村制を敷かず、得撫郡（得撫島、知理保以《チリホイ》島、武魯屯《ブロトン》島）、新知《シンシル》郡（新知島、計吐夷《ケトイ》島、宇志知《ウシシル》島、羅處和《ラショワ》島、松輪《マツワ》島、雷公計《ライコケ》島）、占守郡（捨子古丹《シャスコタン》島、知林《チリン》古丹島、越渇磨《エカルマ》島、春牟《ハルム》古丹島、温禰《オネ》古丹島、磨勘留《マカンル》島、志林規《シリンキ》島、幌筵島、占守島、阿頼度《アライド》島）の三郡として北海道根室支庁の直轄となっている。

住民の大部分は漁業者であり、各集落は離れて散在し、各島間はもとより島内においても交通は海路に依存し、島内道路は極めて限定されたものしかなかった。「千島」において、住民が常住するのは南千島以南に限られていた。終戦ころの常住人口は、歯舞群島四、四五五人、色丹島九二〇人、国後島七、三七〇人、択捉島三、七六〇人、計一六、五〇五人と推定され、ほかに北千島にわずかな定住者がいた。別に夏季出漁者、季節労務者が相当あった。世界有数の漁場をひかえているため、夏季盛漁期には関係者の入島は二万人に達した。占守島に九カ所、幌筵島に一三カ所、阿頼度島に一カ所の漁業根拠地があり、そのほとんどは日魯漁業が経営し、北東方面における陸海軍の作戦準備に大きく貢献した。

　占守島は、カムチャツカ半島南端のロパトカ岬と一〇km余の海峡をはさんで相対し、島の長さ約三〇km、最大幅約二〇kmの平坦な島である。島の中央部と北部は丘陵と侵食台地になっている。海岸は、山地性で北部と北西部は険阻であるが、まれに砂利の海浜がある。上陸適地としては、北東部海岸、西部の別飛沼北方海岸、南部の中川湾及び蔭ノ澗海岸である。植生は乏しく、わずかに小さな雑木やハイ松が生えている。南西部の幌筵海峡沿岸は良好な泊地となり、片岡に軍港があり、対岸幌筵島側にも柏原軍港がある。片岡軍港と北端の国端崎を結ぶ幹線道路があり、これから海岸に向かって多数の支線道路があった。

　ソ連にとって、千島列島の戦略的意義は、南樺太とともにソ連極東地方から太平洋への出口を遮断していることにあった。このために、スターリンは早い時期から一貫して、千島を日本から奪うことを追求したのである。日本が悪いわけではないが、その位置が具合悪かったのである。

北千島の防衛態勢

第二章で概要を記したとおり、千島の防衛構想と配備兵力は目まぐるしく変転した。ここでは、最後の段階についてやや詳しく見ることにする。

一九四五年春、大本営の本土方面重視により北海道本島及び千島からも有力な兵団が抽出された。第五方面軍は北海道本島を重視して、千島からさらに有力な部隊を北海道に転用し、第九十一師団の任務を「幌筵海峡周辺地区及び占守島の要域確保」に改めた。

これまでも度々配備変更を余儀なくされた師団は、またもや配備の再検討を行い、五月中旬、次のような幌筵海峡を中心とする最終的防御態勢に移行する命令を発した。

一　方針

師団は主力をもって幌筵海峡西側地区を堅固に保持し、敵の同海峡利用企図を破砕する。

二　部署の大要

(一)　歩兵第七十三旅団（歩兵四コ大隊基幹）は峡東地区隊となり、別飛より及川にわたる間に陣地を占領し来攻する敵を撃滅する。一部をもって天神山地区を確保させ敵の同地以北進出を極力妨害する。

㈡ 歩兵第七十四旅団（歩兵四コ大隊基幹）は峡西地区隊となり西谷川付近から村上を経て中ノ台西側にわたる間に陣地を占領し、来攻する敵を撃滅する。

㈢ 兵団主力占領地区以外の占守島及び幌筵島は、それぞれ北部遊撃隊（独立歩兵第二百八十二大隊基幹）、南部遊撃隊（独立歩兵第二百九十二大隊基幹）をもって欺騙、陽動、遊撃を行い、敵軍に出血消耗を強要する。占守島においては一部をもって国端崎、蔭ノ澗、四嶺山付近を確保し、極力敵の内陸進攻を阻止する。

㈣ 千島第一、第二砲兵隊は主力をもって柏原西側地区、長崎東側地区に陣地を占領し、両地区隊の戦闘に協力する。各一部を水際に配置し上陸する敵を極力撃滅する。

水津満第九十一師団参謀によれば、天神山—咲別川の線（占守島ほぼ中央）から幌筵海峡までを幅広い主陣地帯と考えた面式防御の考え方で、複郭（最後の腹切り場）は最後の線であり、前地をはじめから放棄したものではないというものであった。

師団は各部隊の戦闘思想、戦闘指導要領、陣地構築等について各種の手段で教育し、斬新な戦闘要領の普及徹底を図った。教育訓練の重点は、大広度疎開戦法、肉攻斬り込み戦法など近接戦闘訓練に置かれ、吹雪中の戦闘及び夜間の戦闘が重視された。

教育訓練は対米即対ソという考え方であり、情報収集も主として上級部隊の措置による

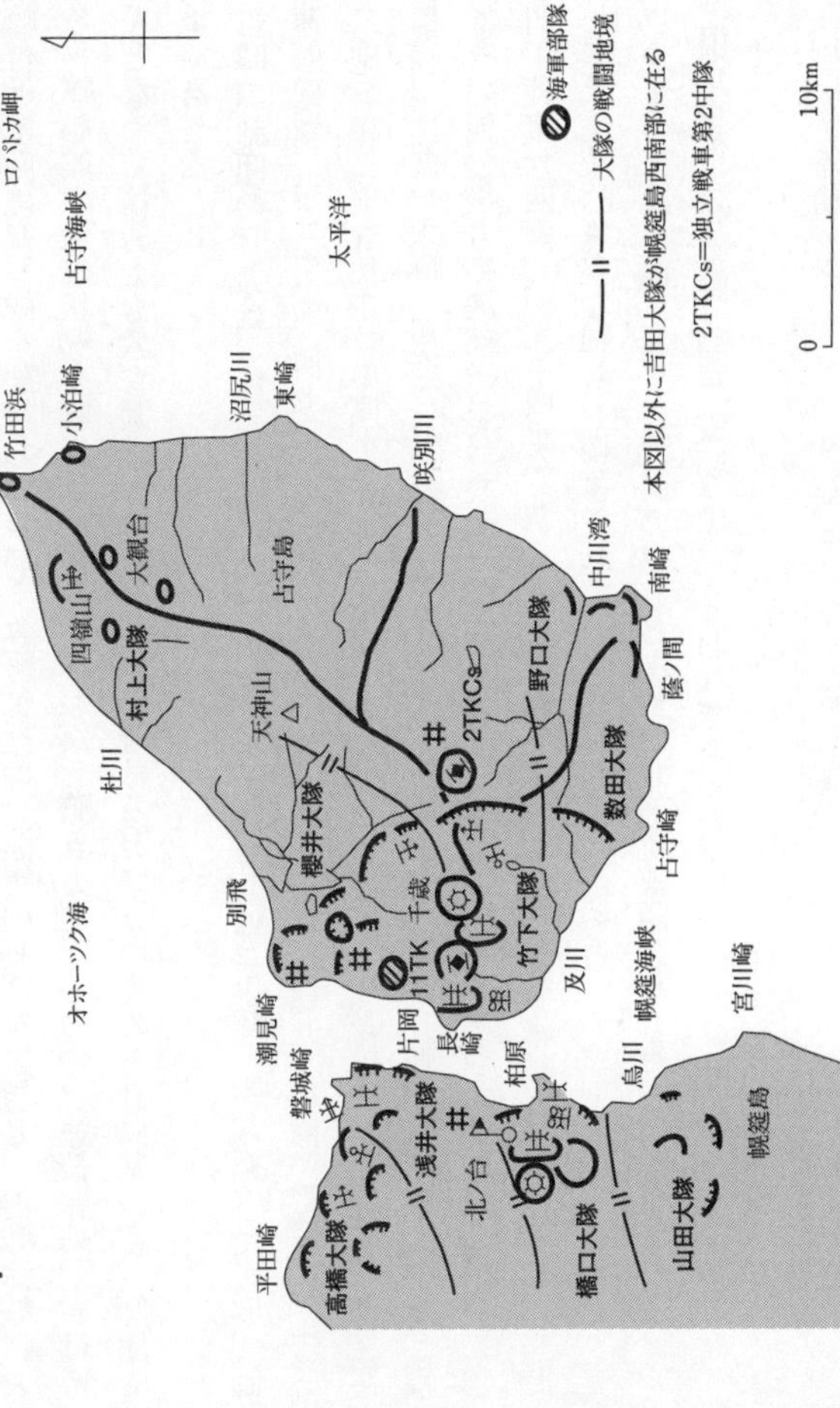

第91師団の最終的防御態勢(昭和20年8月)

ものとし、対空、対海上監視哨がその補助に任じた。ソ連に対しては、このほか占守島国端崎付近に向地視察隊を配置し、ロパトカ岬付近のソ連軍の動向を監視し、占守海峡におけるソ連船舶の通航状況を収集した程度であった。第五方面軍からのソ連情報の配布はほとんどなく、情報上も教育訓練上も対ソ刺激を避けるという中央の方針に基づき、師団も慎重であった。

当時の師団の兵力は、独立歩兵一〇コ大隊（各大隊歩兵四コ中隊、歩兵砲一コ中隊）、師団速射砲隊（三コ中隊、四七ミリ速射砲一八門）、第一砲兵隊（山砲八コ中隊、野砲三コ中隊）、第二砲兵隊（十五加二コ中隊、十加四コ中隊、十榴三コ中隊）、工兵隊（三コ中隊）、防空隊（高射砲一・五コ大隊、照空三コ中隊）、戦車第十一聯隊（五コ中隊）、独立戦車第二中隊、輜重隊その他の後方勤務部隊を合わせ、総兵力約二三、〇〇〇名であった。重軽火砲約二〇〇門、戦車六四両（一式中戦車一九、九七式中戦車二〇、九五式軽戦車二五）を保有し、当時としては比較的豊富な弾薬も備蓄されていた。

ソ連軍の上陸正面にあり、戦闘の焦点となった北部遊撃隊（独立歩兵第二百八十二大隊、村上則重少佐）の戦闘計画の概要は次のとおりであった。

一　任務

（一）敵の上陸に当たっては極力水際において打撃を与える。
（二）敵侵入後は神出鬼没敵を奇襲しその前進を遅滞せしむるとともに、その後方部隊を攻撃して攪乱する。

二　遊撃隊の配置

国端崎――第三中隊の一コ小隊、野砲二、大隊砲一
小泊崎――速射砲二、左と併せて第三中隊の一コ小隊
小泊崎北方五〇〇米の台地――大隊砲二、速射砲一
豊城川付近――臼砲一コ小隊（四門）
四嶺山――大隊本部、第三中隊（兵力一コ小隊）、十五加一、十加一
大観台――第一中隊、第四中隊、歩兵砲一、速射砲一
一一二高地（四嶺山南西約二km）――第二中隊
村上崎――野砲一

三　戦闘指導要領

（一）大隊長は四嶺山で指揮を執る。
（二）四嶺山、国端崎、小泊崎は最後まで死守する。
（三）第一、第二、第四中隊は広範囲に、しかも隠蔽された箇所になるべく多数の洞窟を

作り分散配置し、かつ随時移動できるようにする。

㈣ 敵が四嶺山、国端崎、小泊崎の陣地を包囲攻撃してきたときは、第一、第二、第四中隊は敵の側面あるいは背面からこれを奇襲する。

㈤ 敵が四嶺山、国端崎、小泊崎の陣地に一部を残し、主力をもって複郭陣地方面に南下した場合は、各陣地並びに第一、第二、第四中隊は少数兵力からなる斬込隊を編成して敵後方部隊を反復奇襲する。

八月九日、ソ連参戦によって、カムチャツカ半島西岸ヤイノ港に停泊、漁獲品積み取り中の日本北洋漁業船舶及び警備の海防艦を掩護するため、海軍北東航空隊が出動したが、船舶一隻を撃沈、一隻を拿捕された。

十日、ソ連艦数隻が占守島のオホーツク海側に出現したが、双方とも戦端を開くにいたらなかった。十二～十三日、米艦隊が温禰古丹島、松輪島、幌筵島に砲撃を加えた。十四日、ロパトカ岬から占守島北端竹田浜付近の水際陣地に数発の砲撃を加え、同岬付近を艦艇が遊弋するのが見えたが特異な変化はなかった。それまで連日行われていた米軍機の空襲は、十五日昼ころから全正面で中止されたが、同日夕、濃霧の中を国籍不明機が占守島を爆撃した。

第九十一師団長堤不夾貴中将は、終戦に関する「玉音放送」を聞き、その他の諸情報から判断し、まだ方面軍の具体的な正式命令には接していなかったが、十七日、大隊長以上の各部隊長、直轄各隊長、航空・船舶・海軍各部隊長及び日魯漁業関係者を柏原の師団司令部に集めて、思想の統一をはかった。すなわち、精神要素の振作、宿営、給養、保健衛生等にわたる命令指示を与え、特に「新皇国建設計画」の作成を提唱し、将兵の奮起を要望した。また「万一、ソ軍が上陸する可能性がないでもないが、この場合は戦闘を行わず、爾後の命令指示にしたがい行動せよ」と指示した。

この会同中、十七日昼ころロパトカ岬から小泊崎近くに座礁しているソ連船マリューポール号に砲撃が加えられ、断続的に夕刻まで続いた。これは実はソ連側には試射の意味もあったのであるが、日本側は深刻には受け取らなかった。自国船への単なるいたずら、演習あるいは威嚇射撃くらいに考えられたのである。

会同終了後、第五方面軍から、「一切の戦闘行動停止、やむを得ない自衛行動を妨げず、その完全徹底の時期を十八日十六時とする」という命令と、「今次終戦による戦地の軍人軍属はこれを俘虜として取り扱わず」という指示を受領し、直ちにこれを各部隊に伝達した。同日、師団命令によって一切の築城作業は中止され、兵器の処分のために信管をはずしたり、海中投棄やその準備が行われた。ソ連軍が海上遠く進出し、終戦確定の三日後に上陸作戦を行うなどとは考え及ばなかったのである。

ソ連軍の千島上陸作戦計画

極東ソ連軍総司令官ア・エム・ワシレフスキー元帥は、八月十五日、樺太の真岡上陸に関する訓令と同時に、太平洋艦隊司令官イ・エス・ユマシェフ海軍大将と第二極東方面軍司令官エム・ア・プルカエフ大将に対して、千島列島北部の占領に関する作戦の準備及び実施を命令した。

全般作戦指導に任ずる太平洋艦隊軍事委員会は、具体的作戦準備及び実施をカムチャツカ防衛区司令官ア・ペ・グネチコ少将とペトロパヴロフスク海軍根拠地隊指揮官デ・ゲ・ポノマリョフ海軍大佐に担当させ、グネチコ少将を全般の上陸作戦司令官に、ポノマリョフ海軍大佐を揚陸指揮官に任命した。上陸軍指揮官には第百一狙撃師団長ペ・イ・ディヤコフ少将が任命された。

同時に第二極東方面軍軍事会議は、グネチコ司令官に次のような訓令を与えた。すなわち、「当面の任務は、占守島及び幌筵島の占領で、爾後温禰古丹島を占領するものとする。兵力は、第百一狙撃師団（第三百二狙撃連隊欠）、根拠地隊の全艦艇、上陸用舟艇、船舶及び国境軍の現有船舶、第百二十八混成飛行師団とする。上陸地点は根拠地隊指揮官ポノマリョフ海軍大佐が決定するものとする。上陸地点の決定に基づき、爾後各島の占領目標及び占領順序等の決定については貴官に一切委任する」というものである。

グネチコ司令官の千島進攻作戦構想は、占守島北東部に奇襲上陸し、主攻を片岡海軍基地方向に指向してまず同島を占領し、爾後これを橋頭堡として、幌筵島及び温禰古丹島を占領するというものであった。具体的な計画は、爾後の作戦の前提となる占守島の占領に限定された。占守島上陸作戦計画の概要は次のとおりであった。

一　方針

上陸軍は、八月十七日夜、占守島北東部に奇襲上陸し、主攻を小泊崎から片岡海軍基地方向に指向し、十八日日没までに片岡海軍基地及び全占守島を占領する。

二　上陸部隊の編組（梯隊区分）及び艦艇編成

㈠　上陸部隊の編組（梯隊区分）

先遣隊　海軍歩兵一コ大隊（第六十海上国境警備隊の一コ中隊、第三百二狙撃連隊の一部《自動銃中隊、迫撃砲中隊、化学小隊、偵察小隊》、第百十九独立工兵大隊の一コ中隊）

第一梯隊　第百三十八狙撃連隊（二コ中隊欠）、第四百二十八榴弾砲連隊第一大隊、第二百七十九砲兵連隊第二大隊、第百六十九独立対戦車砲大隊（対戦車銃中隊欠）

第二梯隊

第一波　第三百七十三狙撃連隊第二大隊、同機関銃中隊、海軍歩兵中隊、迫撃砲一コ小隊

梯隊主力　第三百七十三狙撃連隊主力、第二百七十九砲兵連隊（一コ大隊欠）

陽動上陸隊　第百三十八狙撃連隊の二コ自動銃中隊、対戦車銃小隊、工兵分隊、化学分隊

(二) 艦艇編成

哨戒艦二隻、掃海艇四隻、機雷敷設艦一隻、補給整備艦一隻、輸送船一四隻、上陸用舟艇一六隻、哨戒艇八隻、機帆船二隻、「川崎」船四隻、水路測量船二隻、合計五四隻（「川崎」船とはカニ工船搭載船、一〇トン二五馬力が標準）

三　上陸部隊の任務

(一) 先遣隊

八月十七日二十三時、国端崎〜小泊崎地域（以下竹田浜と記す）に上陸して橋頭堡を占領し、主力第一梯隊の上陸を掩護する。ただし敵の抵抗が少ない場合は占守島内部に戦果を拡張する。

(二) 主力第一梯隊

先遣隊の一時間後と予定するが、別命により上陸する。敵の抵抗が多い場合は、片岡に進撃する任務をもって先遣隊の上陸地域に上陸する。敵の抵抗が少ない場合は、同じ任務をもって別飛沼地区に上陸する。

㈢　主力第二梯隊

（一）第一梯隊が竹田浜に上陸した場合は、片岡に進撃する任務をもって別飛沼地区に上陸する。

（二）第一梯隊が別飛沼地区に上陸して敵の強力な抵抗に遭遇した場合は、前記と同じ任務をもって同地区に上陸する。

（三）占守島における敵の抵抗が少ない場合は、第二梯隊は柏原海軍基地を占領するため幌筵島北東海岸に上陸する。

㈣　陽動上陸部隊

八月十八日二時、中川湾に上陸し、主力の上陸位置を欺騙する。

四　火力支援

進攻部隊の上陸に先立ち、一時間にわたる上陸準備射撃及び第百二十八混成飛行師団の爆撃を行う。

砲兵及び航空（第百二十八混成飛行師団及び海軍飛行連隊計七八機）による支援は、乗船時、航行時、上陸時、対海上・対空掩護の終始を通じて行う。

進攻部隊の乗船は、八月十五日十五時、作戦方針の決定の直後から開始された。しかし兵器等の積載は、綿密な計画がなかったため、適切な積載作業の監督が行われず、また部隊の港湾集結時期が遅れたこともあって、最初に卸下すべき兵器装備の一部を船倉の一番奥に積み込んでしまうという失態を犯した。上陸開始直後これに気付いて、大急ぎでこれらを引き出すといった混乱を招いた。

十六日二十一時、泊地にあった全艦船の出航準備を完了した。総人員八、三六三名、砲迫二一八門、その他多くの兵器、資材が積み込まれた。

十七日五時、全艦船は出航開始、日中は定期的に戦闘機隊の掩護を受け、夜に入ると、今まで哨戒艦や機雷敷設艦に曳航されていた魚雷艇と潜水艦が掩護に当たった。

上陸軍の前進を秘匿するため、海岸灯台や各種灯火はすべて消され、艦船の無線は超短波に限定された。上陸軍がインカニューシ岬（ロパトカ岬北方約一〇〇㎞）沖を通過すると、無線を封止し、連絡は信号旗と航海灯だけで行われた。

上陸軍が航海を続けている間、ロパトカ岬の沿岸砲兵が占守島に連続的攻撃を加えた。

艦船の出航一・五時間後、ペトロパヴロフスク海軍基地の飛行機三機が占守島の偵察と爆撃を行った。また十七日の日中、第百二十八混成飛行師団の飛行機は占守島の軍事目標に連続爆撃を加えた。

上陸軍艦船は暗夜、濃霧の中を千島海峡に近迫した。気象の悪条件を考慮した上陸作戦司令官グネチコ少将は、カムチャツカ防衛区司令部の作戦班が乗っている掃海艇に指揮所を移すことにした。また、濃霧の中で沿岸に座礁するおそれがあったため、陽動上陸部隊は主力と同時に中川湾に上陸させることに決定された。

米ソ関係にかかわる全般情勢

四五年二月のヤルタにおける米英ソ三国秘密協定（いわゆるヤルタ協定）においては、ソ連の対日参戦の見返りとして千島列島全部がソ連に引き渡されることになっていた。しかし、第三章で触れたとおり、その後も米軍は艦隊や航空部隊による千島に対する攻撃を反復し、潜水艦はオホーツク海にまで進入して活躍した。

このような情勢であるから、七月のポツダム会談時の軍事会議における米ソの作戦境界に関する協議では、オホーツク海は米ソ海空軍の共同作戦区域とし、千島列島については第四海峡（温禰古丹島と幌筵島の間の海峡すなわち温禰古丹海峡）を米ソの作戦境界とすることで合意が成立していた。従って、八月十五日前後、ソ連最高総司令部は米国自身が千島列島占領に踏み切ることを危惧し、ワシレフスキー極東ソ連軍総司令官は、海軍総司令官と太平洋艦隊司令官に対し、占守島、幌筵島、阿頼度島（すなわち温禰古丹海峡以北）の日本軍を掃討し、大洋への出口にあるこれらの島をしっかり自国に所属させることを強調している。

この段階では、ワシレフスキーらは千島占領の不確実性を認識しており、米軍との摩擦、衝突の可能性をも予期せざるを得ず、段階的にまず北部千島の占領を命令したのである。

既述のとおり、十五日、トルーマンからスターリンに、日本に与える降伏の細目に関する一般命令第一号の内容を通知した。その主とするところは日本軍の降伏受け入れの各国担任地域の割り当てであり、それは実質的な占領地域を意味することになる。ソ連側の危惧したとおり、ソ連担任地域に満州、北緯三八度以北の朝鮮と南樺太は入っていたが、千島列島はまったく触れられていなかった。実際に、米国統合参謀長会議では、温禰古丹海峡を境界にしてそれ以北をソ連軍、以南を米軍による分割占領が考えられていた。

第三章の記述と重複するが、スターリンは直ちに十六日、トルーマンに書簡を送り、日本軍のソ連軍に対する降伏地域に千島列島全部を含めること、さらに釧路市と留萌市を結ぶ線以北の北海道北半分を同地域に含める新たな要求をも加えた。スターリンが十八日に受け取った書簡（文書日付は十七日）でトルーマンは、千島列島をソ連軍地域に含めることには同意したが、北海道北部の占領を拒否し、さらに中千島の一つに米軍航空基地を設ける権利を要求した。スターリンはすぐには決断できかねたのであろう。トルーマンへの返事も、必要な指令もしばらく出さず、樺太、千島の作戦と、北海道北部占領作戦の準備が並行して行われることになる。

占守島における戦闘

ソ連軍の上陸

実は、日本軍守備隊は、ソ連軍上陸船団を十七日に見つけていた。「カムチャツカ半島東岸はるか北方に、小型舟艇多数が移動している」という報告が、国端崎監視哨から師団司令部にもたらされた。しかし、師団長や幕僚は、北千島の将来は米軍と強い関係があっても、ソ連とは全く関係ないものと信じ、ソ連軍が本格的な上陸作戦を行うなどとは疑ってもみなかった。既述のように、十七日断続的に行われたロパトカ岬からの砲撃も彼の進攻企図とは結びつかなかったのであり、この舟艇も、日魯漁業の出漁船がソ連に接収されたものと想像したのである。

占守島北部を守る独立歩兵第二百八十二大隊長村上則重少佐は、十七日師団司令部の団隊長会同において、師団長から「終戦になったのだから軽挙妄動してはならぬ。お前のところは最前線だから、軍使をまっさきに迎えることになるかも知れぬ。その時は紛争を起こさず司令部に連絡せよ」といわれていた。村上大隊長は、各中隊長に会同及びその後伝達された命令（戦闘行動停止、ただしやむを得ない自衛行動を妨げず、その完全徹底の時期を十八日十六時とする）を下達し、国端崎の小隊長には電話で、軍使が来るかも知れないからよく注意して監視するよう指示した。

　師団としては、上陸進攻を予期したわけではなかったが、十七日夜半になって、万一に備えて一部の部隊に対敵戦備につき、警戒を強化するよう処置した。村上大隊がソ連軍の上陸した竹田浜に配置したのは、第三中隊（黒木松雄中尉の指揮する二コ小隊）、速射砲三門、大隊砲三門、臼砲四門、野砲二門（第一砲兵隊第二中隊速應小隊）で、大隊本部の位置する四嶺山には十加一門、十五加一門、高射砲二門があった。

　ソ連側戦史による先遣隊の上陸状況は次のとおりである。

八月十八日二時十五分（日本時間はマイナス二時間となる。日本側資料と符合しない面もあるが、そのまま記すことにする）わが艦艇は第一千島海峡（占守海峡）に到着した。濃霧による困難のため陽動上陸部隊の揚陸はとりやめとなった。

二時三十五分から二五分間、四時六分から一四分間の二回、ロパトカ岬の海岸砲台が占守島を砲撃した。この海岸砲は既に三昼夜にわたり島の要塞部に同じ要領で砲撃していたので、奇襲上陸の妨げにはならなかった。

先遣隊の最初の上陸用舟艇は四時二十二分濃霧の中を上陸地点（竹田浜）に接近したが、積載超過のため喫水が深くなっていて、海岸から一〇〇～一五〇メートル（水深二メートル）のところで停止してしまった。兵士らは海中に飛び込んで重い荷を肩に泳いで上陸した。司令部が禁止したにもかかわらず、ある上陸部隊の艦船から海岸に向けて射撃を始め、他の艦船もこれにならった。日本軍はまだ上陸に気づいていなかったので、この射撃は明らかに過早であった。驚いた日本軍は小銃、機関銃による無秩序な反撃を開始した。

五時ころ、先遣隊は上陸を完了した。先遣隊主力は日本軍の海岸要塞を濾過して島の内部に向かって前進を開始、海軍歩兵一コ中隊が小泊崎の日本軍砲台の攻撃に、艦隊から別動隊が国端崎の攻撃に向かった。

一時半過ぎ、ロパトカ岬からの砲撃が再開され、村上大隊の将兵の夢を破った。二時ころ「海上エンジン音聞こゆ」との至急報が国端崎監視哨から入った。村上大隊長は、「軍使が夜中に来ることはない、これは危ない」と判断し、直ちに「全員配備につけ」と命令した。一面の濃霧に包まれていたが、国端崎からは「敵輸送船団らしきもの発見」、「敵上陸用舟艇発見」、「敵上陸、兵力数千人」と急報があい次いだ。村上大隊長は、もはや軍使でないことは明らかとし、「射撃開始」を命じた。

ここで興味深いのは、日ソ双方とも自軍が先に射撃開始したとしていることである。もっとも、ロパトカ岬の海岸砲（一三〇ミリ四門）は、上陸準備射撃をしているから、ソ連軍は奇襲といいながら、実際は掩護射撃下の強襲上陸の形であった。日本側は、強襲上陸して来たソ連軍に応射したに過ぎないといってよい。

海岸配備部隊は、二時半ころ上陸する敵を発見し、応戦を開始した。まだ薄暗く霧は深かったが、霧中射撃も準備し、十分に訓練を積んでいた成果がたちまち現れた。国端崎の野砲、小泊崎の速射砲、大隊砲は、竹田浜の両側から激烈な砲火を浴びせ、第三中隊もこれに協力した。この日、撃沈、擱挫させた船艇は確認しただけでも一三隻以上に達し、水に浸せられたソ連軍将兵は三千名以上、戦死傷も同数を下らないものと推定された。

ソ連側戦史が克明に描いている苦戦の様子を少し見てみよう。

すべての将兵が海中に飛び込まねばならず、ほとんどの無線機が海水に浸かって故障し、作戦指揮も、艦砲の誘導もまったくできない状態が続いた。五時三十分、混乱から立ち直った日本軍は、わが主力艦艇に簡易火点や永久火点から猛射を浴びせてきた。特に国端崎や小泊崎地区からの砲火は強力で、また座礁したマリユーポール号に設置した火砲も危険であった。

たちまち上陸用舟艇二隻が直撃弾を受けて炎上し、他の三隻も五～一〇発被弾した。数隻は操舵機関に損傷を受けて日本軍の好餌となった。撃破された艇では弾薬が誘爆し始めた。マリユーポール号上の火砲は艦砲の斉射で沈黙させたが、国端崎と小泊崎の砲台は海上に対して堅固に掩蔽された側防（主として海岸方向に横から射撃する）火点で、艦砲やロパトカ岬の海岸砲台が全火力を集中してもほとんど効果がなかった。

衰えを知らぬ日本軍砲台の射撃は熾烈をきわめ、上陸部隊には著しい損害が続出していた。上陸部隊第一梯隊は、この砲撃の猛威をじかに体験したので、国端崎や小泊崎の砲台を撃破するという本来の任務を避け、先遣隊の後を追って島の内部に向かってしまった。その指揮官や幕僚部の乗った船艇が撃沈され、上陸した第一梯隊が事実上無統制になってしまったためである。

九時にようやく第一梯隊の上陸が完了した。しかし、海岸で行動する部隊が指揮を喪失していること、上陸地域の敵火力が制圧されていないこと、上陸用器材が極限されていることなどが、第二梯隊の上陸速度を落とす原因となった。火砲は輸送船上に積まれたままで、わずか四門の四五ミリ砲が海岸に揚げられたにすぎなかった。

しかし、船団の艦船が日本軍の砲火で撃破されなかったのは不幸中の幸いであった。日本軍は二回ほど哨戒艦に射撃を加えたが、効果がないとみて汀線付近の上陸用舟艇に主として火力を向けていた。飛行隊は午前中は天候不良で行動できず、午後幌筵島から移動して来る日本軍の阻止のための攻撃を行い、九四出撃を数えたが、窮地に立たされている上陸部隊を直接支援することはできなかった。

村上大隊の主力は、北部遊撃隊としての既定計画に基づきそれぞれ配置についた。大隊長も本部及び第三中隊の一コ小隊とともに四嶺山の南側に作ってあった洞窟陣地を占領した。占守島北部の広大な地域を担任する村上大隊の配備は、隙間だらけのものであった。ソ連軍の上陸海岸付近でも、国端崎、小泊崎地区においても岬部以外は竹田浜でも同様であり、ソ連軍はこの間隙を通って六時ころ早くも四嶺山に進出してたちまち包囲した。村上大隊長以下は僅かな兵力でよくソ連軍大部隊を阻止し、師団主力の反撃の支撐《しとう》（足掛かり）となった。ソ連側戦史は、その激しい近接戦闘の状況を次のように記している。

先遣隊主力は、わずかな抵抗に遭遇しただけで六時ころ一六五高地（四嶺山東方五〇〇メートル）と一七一高地（四嶺山）に到達したが、そのころようやく混乱から回復した日本軍が強力な火砲、迫撃砲、機関銃の射撃を開始し、高地では激戦が開始された。日本軍は、よく工事された永久火点や簡易火点からなる陣地に拠っており、一方上陸ソ

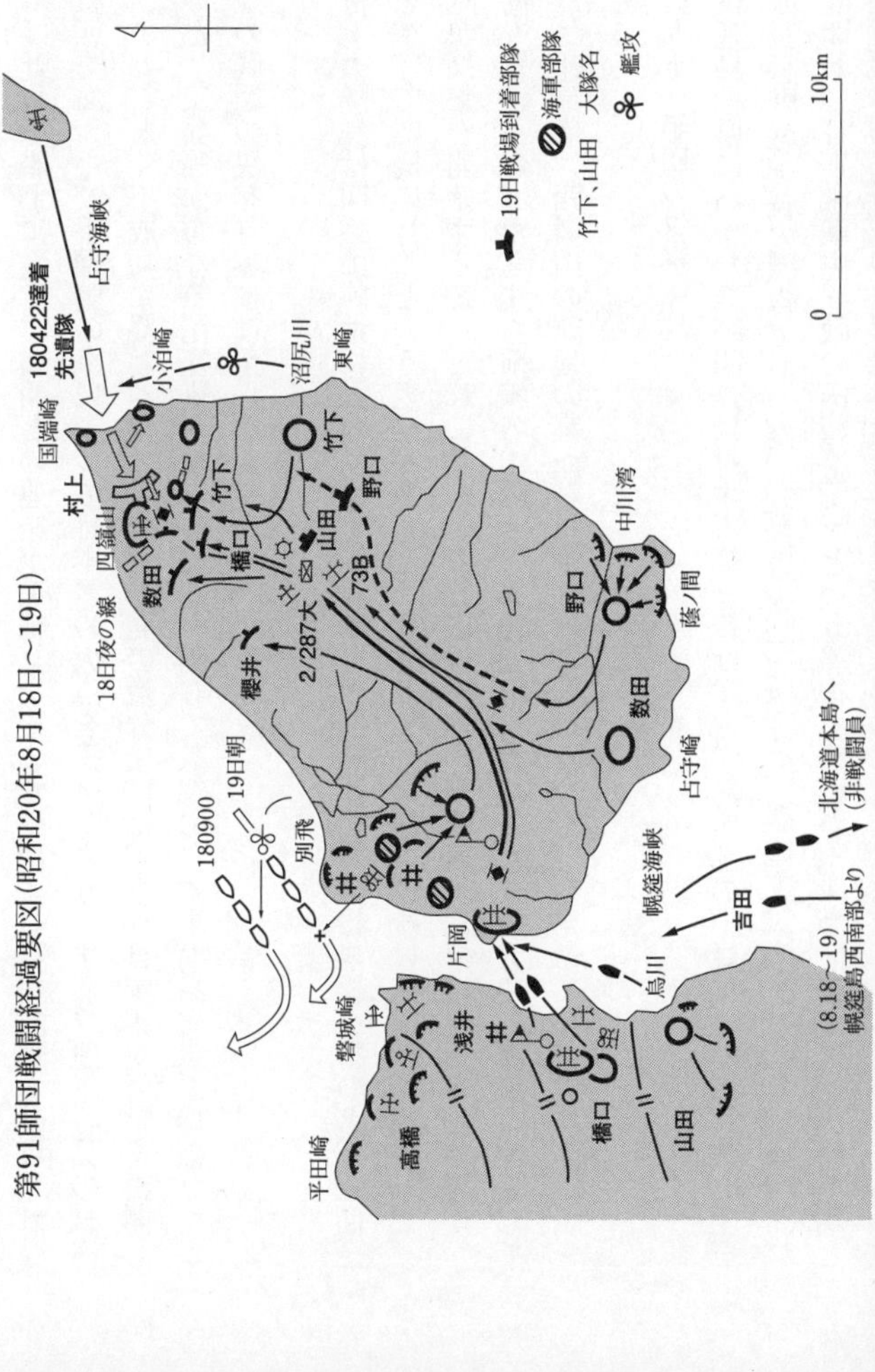

第91師団戦闘経過要図（昭和20年8月18日～19日）

連軍は野砲を船上に残し、艦船との連絡が途絶したまま艦砲による支援射撃も受けられない状態であった。手榴弾の束によって日本軍の火点を撲滅しようとするソ連軍将兵の試みは、ことごとく不成功に終わった。手榴弾爆発の数分後には、もう日本軍が射撃を再開していた。工兵等からなる閉塞班が最もうまく行動して数個の日本軍簡易火点を爆破したが、高地の戦闘の決を見るには至らなかった。

村上大隊長は四嶺山陣地に入ってすぐ歩兵第七十三旅団司令部に無線を打つと、旅団全力を挙げて応援に行くという返事があった。運悪くこの連絡の直後に無線機が故障した。大隊が反撃を開始すると、これに呼応して竹田浜及び国端崎西方海岸にソ連軍の砲撃が一時間も続けられ、たちまち前線各中隊との有線通信も途絶した。前方の各陣地を濾過して来たソ連軍は、四嶺山の陣地の裏から馬乗りになるような形で攻撃して来た。

第九十一師団の反撃

幌筵島柏原にあった堤師団長に対する第一報は、占守島西部の千歳にいた歩兵第七十三旅団長杉野巌少将の報告であった。「敵は早暁二時ころ、艦砲支援のもとに竹田浜一帯に上陸開始、目下激戦中、敵の国籍不明」という報告を聞いた水津師団参謀は、国籍不明といっても米軍だと思ったという。後に相手がソ連とわかった時はびっくりしたという。前から戦争していれば、十五日にぴたりとやめろといっても、時の勢いで簡単にやめられないことがあるかも知れない。しかし、十五日をすぎても平静であったのに、三日後に襲撃して来るとは常識では考えられない。軍使が来たのが手違いで戦闘に発展したのかということも、一応考えた。しかし、時間が時間であり、しかも何千人という兵力で、ロパトカ岬から支援射撃もやっている。こんな軍使の到来があるわけはないというのが、師団の判断となった。

堤師団長は、とりあえず二時十分全兵団に戦闘準備を下令、二時三十分戦車第十一聯隊長池田末男大佐に対し、工兵隊の一部（泉廣利少佐の指揮する二コ中隊）を併せ指揮し、国端崎方面に急進してこの敵を撃滅するよう命令した。同時に歩兵第七十三旅団長杉野少将に対しても、できる限りの兵力を集結してこの敵を撃滅するよう命令した。

戦車第十一聯隊は、出撃の命令を受けると直ちに非常呼集をかけ、三時二十分までに三好野飛行場に集結、聯隊長車を先頭にそのまま国端崎地区に向かって急進した。当時、独立戦車第二中隊も戦車第十一聯隊に編入されていた。国端崎から一四km手前の天神山で小休止し、白鉢巻きで先頭車上に立ち上がった池田聯隊長は「上陸軍を一人残さず海に叩き落とすまで奮闘せよ」と大声で訓示した後、再び乗車前進を命じた。遅れていた第三・第四中隊も追及合流し、聯隊の意気は盛んであった。

四嶺山に近づくと、流弾が飛来しはじめ、やがてソ連兵がむらがるように村上大隊を攻撃しているのが見えてきた。池田聯隊長は、「聯隊はこれより直ちに突撃を開始する。祖国の弥栄を祈る」と師団長に報告し、先頭車上から日章旗を大きく振って突撃を命令した。本来ならば、戦車は歩兵と協力して無用の損害を防いで初めて実力を発揮できるのであるが、急な出動で協力できる歩兵がいないため、不慣れな工兵が一部ついたが、協同不十分なまま押っ取り刀で飛び込んで行ったのである。

四嶺山の重砲に加え、高射砲も俯角（水平面以下の角度）射撃を行い、濃霧の去来する戦場各所で紛戦が起こったが、聯隊は二回の攻撃でソ連軍歩兵を蹂躙し、高地の麓まで撃退した。ソ連軍は、火砲こそほとんど上陸していなかったが、多数の対戦車銃をもっており、このため相当数の戦車を失い、池田聯隊長、聯隊指揮班長丹生勝丈少佐が戦死し、中隊長以下の損害も少なくなかった。当時の日本軍戦車は天蓋（砲塔の上のふた）を開け、指揮官が身を乗り出したまま指揮するのを常態としていたので、特に指揮官の死傷が多かった。

聯隊長戦死後、独立戦車第二中隊長伊藤力夫大尉が聯隊の指揮をとり、四嶺山南西側に布陣し、歩兵と協力して、ソ連軍と攻防を繰り返した。

杉野旅団長は、ソ連軍撃滅の師団命令を受領すると、敵上陸の考慮の少ない沼尻の竹下三代二少佐の大隊（以下独立歩兵大隊は大隊長名で記す）に敵の東翼を求めて攻撃するように命じ、旅団予備隊（独立歩兵第二百八十四大隊第二中隊）及び及川地区の數田正外少佐の大隊に国端崎地区への前進を命じた。この際の旅団命令の要旨（十八日九時）は次のとおりであった。

一　師団は自衛のため、占守島国端崎付近に攻撃し来るソ連軍を海岸に圧迫撃滅す
二　旅団は全力をもって国端崎付近に急進し、敵を水際に撃滅せんとす
三　各隊は部隊の集結完了を待つことなく逐次同地に前進すべし

杉野旅団長は、さらに戦場への兵力集中を企図し、十一時ころ別飛地区の櫻井瑎介少佐の大隊を旅団司令部付近に集結させる措置をとった。

最も現地に近かった竹下大隊は、四嶺山南側に進出し、池田戦車聯隊の第一回目の攻撃には間に合わなかったが、爾後協力して四嶺山に迫るソ連軍に反撃し、海岸方向に押し戻すのである。

師団第一砲兵隊には、「砲兵隊直轄の山砲二コ中隊を大観台北方地区に進出させ、所在

歩兵部隊と協力してこの敵を撃滅せよ」という命令が下達され、第一砲兵隊長加瀬谷陸男中佐は、隊長直轄の山砲二コ中隊を自隊車両で逐次大観台付近に進出させた。

午後に入り、杉野旅団長は大観台に進出、間もなく數田大隊が到着して竹下大隊の左翼に展開した。次いで柏原から前進した歩兵第七十四旅団の橋口俊成少佐の大隊も到着して指揮下に入り、竹下、數田両大隊の中間地区に展開した。櫻井大隊も旅団司令部の推進に伴い、天神山南西高地に進出して展開した。かくして村上大隊を含めて五コ大隊、旅団主力の展開が完了しつつあったのである。

この日くり返された攻防を、ソ連側戦史により概観して見よう。

日本軍司令部は、上陸部隊の兵力がさほど大きくないと判断して、間もなく戦車二〇両の支援のもとに歩兵一コ大隊をもって反撃に移った。当時上陸部隊はほとんど高地の頂上に到達しており、少ない兵力にもかかわらず、二時間の死闘が続けられた。日本軍は大きな損害を払いながらも先遣隊を高地の麓まで押し返すことに成功した。しかし、日本軍も戦車一五両と将兵一〇〇名を失って防勢に転じなければならなかった。

かろうじて無事であった無線機によって、上陸した先遣隊は哨戒艦や、ロパトカ岬の海岸砲台との連絡に成功した。九時十分、支援艦船とロパトカ岬の砲台が一六五高地と一七一高地に射撃を集中し、その掩護下に上陸部隊が攻撃に出て十分間で高地を占領した。しかし、高地を確保することはできず、数分後に優勢な日本軍が反撃して、先遣隊は再び高地の麓まで撃退された。その後日本軍は絶えず反撃を繰り返したが、先遣隊は劣勢な兵力でもって、上陸部隊主力が到着するまで敵の攻撃を必死に食い止めていた。

ようやく十一時になって、上陸部隊主力第一梯隊である第三百二狙撃連隊が先遣隊の位置に到着した。十三時ころ上陸部隊主力が集結した。上陸軍指揮官である第百一狙撃師団長ディヤコフ少将は乗艦を撃沈されてまだ到着せず、主力第二梯隊（第三百七十三狙撃連隊）長アルチューシン大佐が独断指揮をとった。

十四時、日本軍は一七一高地後方から戦車一八両に支援された歩兵約二コ大隊をもって逆襲して来た。このころには、日本軍の編成に関する情報も十分になっていたので、アルチューシン大佐は、敵の逆襲正面に対して全対戦車火器（対戦車銃約一〇〇挺と四五ミリ砲四門）を結集した。この結果、日本軍戦車と歩兵は大きな損害を受けて敗退した。一七一高地の斜面の陰に逃げ込めた戦車は一両だけであった。日本軍は一六五高地でも二〇両の戦車と大量の砲兵射撃をもって反撃を試みたが、これも多くの損害を出して失敗に終わった。

この間、午後に入りソ連機が幌筵海峡地区を中心に九四出撃の攻撃を加えたが、大きな損害がなかったことは既に述べた。これに対し、日本側も片岡にあった海軍北東航空隊北千島派遣隊（九七式艦攻四機）、陸軍飛行第五十四戦隊残留隊（一式戦四機）に出撃命令が下された。竹田浜における艦船、あるいは片岡方面に接近する艦船を攻撃し、その後もソ連軍の上陸点やロパトカ岬に反復出撃し、相当の戦果（各種艦船艇撃沈五、同撃破二）を報じられたが、ソ連側戦史では損害を認めていない。

　これよりさき、堤師団長は歩兵第七十三旅団の集中に引き続き、幌筵島の歩兵第七十四旅団（佐藤政治少将）をも占守島に集中し、師団総力を挙げての攻撃によってソ連軍の上陸を阻止することを決心した。

　佐藤旅団長は、師団命令に基づき、既述のように柏原の橋口大隊を占守島に派遣して杉野旅団長の指揮下に入れ、次いで正午ころ中ノ台の山田徳蔵少佐の大隊に転進命令を発し、同隊は夕刻海峡を渡って戦場に急行した。また、南部遊撃隊の吉田忠信少佐の大隊にも転進命令が発せられ、同大隊は十九〜二十日磐城地区に前進、集結した。旅団司令部も十八日夜占守島に進出した。

　かくして、第九十一師団の主力が占守島に進出し、両旅団を並列して一大攻勢に転ずる準備が着実に進捗し、優勢な兵力と態勢をもって一挙にソ連軍を水際に撃滅するという堤師団長の決心を実現するのは、あるいは時間の問題かと思われた。

ところが、その準備が大きく動き始めたばかりの十八日昼ころ、「戦闘を停止し、自衛戦闘に移行すべし」という第五方面軍命令が届いた。この原文史料は現存しないが、第九十一師団の報告によって、占守島の戦況が進展してソ連軍を撃滅しそうな気配を示したので、方面軍参謀長萩三郎中将が、「これはいけない、早くやめさせるようにせよ」と指示して、ただちに戦闘停止の命令が打電されたのである。十七日午後師団が受領した、「一切の戦闘行動停止、ただしやむを得ない自衛行動を妨げず、その完全徹底を十八日十六時とする」という方面軍命令の確認という性格もあったといえよう。

積極戦闘の停止

師団は、前記の方面軍命令に基づき、「十八日十六時をもって攻撃を中止し防御に転移せよ、もし敵が進出するならば、その場において自衛戦闘を実施せよ」という命令を発した。師団参謀水津少佐によれば、十七日に受領した命令の十八日十六時停戦ということが強く頭にあり、ソ連軍の強襲上陸に応戦すべく戦闘命令を出した直後から、師団としては軍使の手配を考えていた。そこへ方面軍命令があったので、速やかに停戦交渉を行うべく、司令部付の長島厚大尉を長とし、随員二名護衛兵一〇名の軍使を十五時ころ大観台から出発させた。師団長の意図は、まず現在の線において両軍とも速やかに停戦した後、武器引き渡しの方法について交渉するということにあった。

長島大尉一行は白旗を先頭に彼我の戦線を通過しようとしたが、ソ連軍に射撃されて死傷者が出、散り散りになってしまった。同大尉は随員を報告に帰し、単身敵陣に潜入して行ったが、その夜遂に帰還しなかった。

十六時以降、日本側は反撃行動を停止したが、ソ連軍は戦闘を停止することなく、夜に入っても攻撃を続行してきたので、無用の損害を避けるため後退し、ソ連軍は四嶺山の西側まで進出した。

ソ連側戦史は、その情況を次のように記している。

日本軍の逆襲を撃退した上陸部隊は、高地に対する強襲の準備に着手した。一七一高地北方及び西北方斜面に第百三十八狙撃連隊（上陸第一梯隊）、一七一高地及び一六五高地東方斜面に海軍歩兵大隊（上陸先遣隊）、一六五高地南東方斜面に第三百七十三狙撃連隊（上陸第二梯隊）を配置して攻撃発起の態勢をとった。

掩護射撃を行う艦船との通信の改善、砲撃の時間・目標の調整等十分に準備した後、十八時、艦船とロパトカ岬の砲台の掩護射撃を受けて反撃に出た。二時間にわたる死闘の末、遂に勝利はソ連軍の手中に帰し、日没後上陸部隊は両高地の西側斜面に進出し、正面約四km、縦深約五～六kmの橋頭堡を確立した。計画による当日の任務は占守島全体の占領であったが、それは上陸部隊にとっては過望であった。

十八日二十時、上陸作戦司令官グネチコ少将は、上陸部隊に「十九日朝以降片岡方向に攻撃して日没までに全島を占領する」という任務を与えた。また十八日二十四時までに、特別に増強編成された突撃部隊をもって国端崎及び小泊崎の日本軍拠点を占領することになった。

第百二十八混成飛行師団は、片岡海軍基地及び別飛沼地区の日本軍砲兵陣地に対して間欠的に夜間爆撃を行い、十九日払暁以降全力をもって日本軍の第一線陣地を爆撃した。

彼我の戦線は各所で小戦闘が繰り返されながら十九日となった。この日未明、中ノ台から進出した山田大隊が大観台に到着、竹下大隊との配備交替に着手した。旅団は、一歩でも退くと停戦時の地域を失うことを考慮し、態勢の不利をも顧みずひたすら一歩でも陣地を保持する態度で指導した。彼我の距離は近いところは五〇メートルもなく、互いに散兵壕を掘りながら時々撃ち合う状況であった。ソ連軍は逐次兵力を増強し、柏原地区に対する爆撃を繰り返した。ソ連側戦史はこの間に国端崎及び小泊崎に対する攻撃を続行し、突撃部隊は十九日朝これを占領したと記しているが、実際は国端崎の野砲が最後まで健在した。

終戦時北千島には、日魯漁業の女子従業員約四〇〇〜五〇〇名がいた。十九日一応砲火が収まったので、あらかじめ整えた手はずに従い、十六時全員を独航船二六隻に分乗して出発させた。濃霧にも助けられて、幸いにも全員無事北海道に到着した。

十八日夜単身敵中に入った長島大尉は、十九日朝になっても帰還しなかった。このため杉野旅団長は、十九日朝、旅団司令部付の山田秀雄大尉と、前夜長島大尉に途中まで同行した師団副官部付の木下末市少尉、日魯漁業の清水通訳の三名を軍使として派遣した。山田大尉以下は、今度は撃たれることなく国端崎近く到達し、アルチューシン大佐に会うことができた。停戦を申し入れると、同大佐は「わかった。本日十五時竹田浜で正式軍使と会う。それまで人質として一名残れ」という。山田大尉が残り、他の二名は十四時ころ大観台に帰還した。報告を受けた師団長は、杉野旅団長に対しソ連軍との停戦交渉に当たるよう命じた。

杉野旅団長は、進出していた師団参謀長柳岡武大佐、防空隊長鈴木村治大佐、第一砲兵隊長加瀬谷中佐を軍使として、木下少尉を三度随員として出発した。指定時間に少し遅れて竹田浜に着くと、沖の軍艦からグネチコ少将が到着しており、海岸の天幕で交渉に入った。ソ連側は高圧的で、直ちに武装解除を要求するとし、日本側は、停戦はするが武装解除の返事はすぐにはできぬとやりあったが、今となっては同じことであり、無用の損害を出さぬため、結局承諾した。このことをソ連側戦史では正式の降伏と解釈して、爾後の日本側の対応を欺瞞による裏切り行為のように描いているが、これから記すように、日本側としては悪意があったわけではなく、やむを得ない事情があったのである。

なお、この竹田浜における会見が終わった時、ソ連側は、まだ国端崎に頑張っている日本軍砲兵（速應少尉の野砲陣地）に撃たないよう命令してくれと要求し、加瀬谷第一砲兵隊長が、遠巻きに包囲しているソ連軍を通り抜けて陣地に入り、多数の上陸用舟艇等を撃沈破して意気軒高たる速應少尉以下に、その旨を伝えたのである。

軍使としての交渉から大観台に帰還した杉野旅団長は、幌筵島柏原を出て占守島の千歳台に進出していた堤師団長に電話で報告したところ、本人の回想によればえらく叱られたという。停戦はよいが、武装解除等の条件は許可していないといって承認しなかったのである。師団長は、停戦即武装解除というソ連軍の要求は拒否するが、無用の流血を避けるため、千歳台の師団司令部に帰着した柳岡参謀長に再度の交渉を命じた。今回は、北千島最高指揮官署名、ソ連軍最高指揮官宛の次のような内容の声明書を交付させて交渉に当たらせることにした。一種の駆け引きでもあった。

　予は上司より、八月十八日十六時現在の線において、先ず彼我共に停戦し武器引渡しの交渉をなすべく、敵にして依然進攻するにおいては自衛の為戦闘を行ふべき命令を受け居れり。

よって、爾今貴方において苟も戦闘行動に出づることあらんか、予は断乎として貴軍を撃滅すべきことを厳粛に声明するものなり。

予は更めて貴指揮官に対し深厚なる敬意を表す。

柳岡参謀長は、日魯漁業の清水通訳一人だけを伴い、二十日朝ソ連側に向かった（十九日夜という回想もある）。

ソ連側戦史には十九日の状況を次のように記している。

十九日九時、日本軍の軍使がソ連軍陣地に到着し、交渉の結果同日十八時、占守島、幌筵島、温禰古丹島を防衛する第九十一師団が無条件降伏を受諾する文書の調印が行われた。十九日一杯、上陸部隊は戦闘態勢のままであった。十六時には部隊の全員、砲兵、車両、弾薬の全部の揚陸を完了した。日本軍はこれに対する攻撃をしなかった。

十九日夕、新着の山田大隊が竹下大隊（既に攻防を繰り返し、竹下大隊長重傷その他の死傷者を出している）と配備を交替した。この機に乗じるように日没後、約一コ大隊のソ連軍が夜襲して来たが、これを予期していた大隊は、火砲、火器の一斉射撃によって、一兵をも陣地に入れなかった。ソ連側戦史はまったく触れていないが、小さな衝突はあっても当然であろう。

二十日早朝、ソ連艦隊が幌筵海峡北口に接近して来た。潮見崎の海軍第五十一警備隊は、高角砲をもってその進路前方に射撃を加えて警告を発し、停船を要求した。ところがソ連艦は一斉に砲撃を開始、片岡飛行場方向を射撃したが、約一〇分後、日本軍の艦上攻撃機二機が離陸すると、急ぎ反転して霧の中に退去した（筆者註　この事件の発生を、防衛研修所戦史室『北東方面陸軍作戦〈2〉』においては十九日としているが、ソ連側戦史その他の資料及び前後の関係から見て二十日であろう）。

この事件をソ連側戦史では次のように記している。

上陸作戦司令官グネチコ少将の命令に基づき、揚陸指揮官ポノマリョフ大佐は艦隊を組み、二十日六時片岡湾に向かい移動を開始した。しかし、降伏条件に示す指定位置に日本側の水先案内人はいなかった。そこで、揚陸指揮官は自主的に片岡湾に入ることにした。八時十分艦隊が第二千島海峡に入ると、敵の砲台が猛烈な砲撃を加えて来た。ソ連艦船には何発かの命中弾があった。雷撃機が差し向けられ、魚雷攻撃を受けたが巧妙な操艦により辛うじて回避した。艦隊は煙幕を張り、その掩護下に脱出した。

このような日本軍の狡猾な行動がわかると、ソ連軍将兵の中には憤激の嵐が巻き起こった。十三時、上陸部隊は攻撃に移り、艦隊は強力な陣地にこもる日本軍を叩いた。日本軍は島の奥地に五〜六km後退した。

ソ連艦隊の片岡湾への進入の件は、十九日に杉野旅団長らが調印し、師団長が拒否した文書に記載された条件であったとすれば、この件に関する限り日本側の対応の方に問題がある。

占守島の地上の戦いの方は、日本側ではそれほど本格的な攻撃ではなく小戦闘が展開されたとしている。しかし、再交渉に向かった柳岡参謀長は帰らず、上陸を終わり増強されたソ連軍は、展開を完了しているようであった。このまま無為に過ごせば、師団は危険な状況に陥ることは明らかであった。師団長は、この敵を撃退して師団の安全を確保することを決心し、二十一日六時をもって攻撃を再開する旨命令した。

命令下達が終わった直後、師団は方面軍から、停戦及び武器引き渡し容認の命令を受領した。第三章に記したとおり、大本営は関東軍に対するよりも遅れて十九日、第五方面軍に対し「戦闘行動ヲ停止スル為局地停戦交渉及武器ノ引渡等ヲ実施スルコトヲ得」と指示した。第五方面軍は、ソ連軍の北海道進攻を危惧して南部樺太死守を指導し、二十日にはソ連軍が真岡に上陸するなど緊張の中にあったが、北千島に対しては樺太よりも早く、この大本営指示に基づく命令を与えたようである。第九十一師団が二十日にこの命令を接受したのは間違いないが、時刻は明確でない。

堤師団長及び水津参謀の回想によって爾後の経過を追うと、師団は、方面軍命令の趣旨を直ちにソ連軍と交渉中の柳岡参謀長に連絡し、これによって話がまとまり、柳岡参謀長は二十日夕には帰還した。軍使に出てソ連軍に留め置かれた長島大尉、山田大尉も無事帰還した。停戦成立によって、師団司令部は幌筵島柏原のもとの司令部に帰還した。二十一日、ソ連軍の要求によって柏原沖に来航したソ連艦上で、日本側は堤師団長、柳岡参謀長、水津参謀ら、ソ連側はグネチコ上陸作戦司令官、ディヤコフ上陸軍指揮官らが会同し、降伏文書の正式調印が行われた。同日、師団長は一切の戦闘行動の完全停止を隷指揮下全部隊に命令した。

海軍の残存艦攻二機は、脱出の命を受け二十一日朝片岡飛行場を発進して無事北海道に到着、北千島の状況を報告した。

意思疎通の行き違いによる片岡湾の戦闘を含め、短期間とはいえ激戦を交えたのであるが、その後ソ連軍は比較的紳士的に対応したようである。その一端を示す第五方面軍の二十五日発の参謀次長宛報告電は次のとおりである。

北千島における局地停戦等に関する状況左の如し

一　占守島、幌筵島所在部隊の武器引渡は二十四日夕をもって完了せり

二　温禰古丹島、捨子古丹島、春牟古丹島等の各在島部隊の武器引渡は二十四日先部隊（筆者註　第九十一師団）参謀ソ軍艦艇に同乗の上現地に赴き数日中に完了の予定

三　帯刀剣は将校のみ許され下士官兵は当分許可されず

四　地方民の生命財産は危害を加えざる如く保障しあり　日魯漁業会社の関係者は目下安全なり

五　全般に友好的にして諸事順調に進捗しつつありて未だ事故なし

この後通信遮断によって、北千島の状況は一切不明となる。ここも、満州方面、樺太と同様、編成を崩して千人単位の作業隊に編成され、シベリア方面に抑留されることになる。この戦いにおける彼我の損害について、当時日本側で確認できたのは竹田浜におけるソ連軍上陸用舟艇等の撃沈破一三隻くらいであって、その他は彼我について推測の域を出ない。池田戦車聯隊の戦死者が最も多く戦車も二〇～三〇両破壊されたと見られる。残念ではあるが、日本側が戦闘終了後に正確な調査、記録を行えなかった関係上、戦死

傷者については占領軍側のソ連の研究者が最近明らかにした数字が一番実態に近いものとせざるを得ない。それによると、日本軍の死傷者は一、〇一八名、ソ連軍の死傷者は一、五六七（死亡五一六）名となっている。イズヴェスチヤ紙は「占守島の戦いは、満州、朝鮮における戦闘よりはるかに損害は甚大であった。八月十九日はソ連人民の悲しみの日である」と述べている。占守島の一七一高地（四嶺山）には戦没者のメモリアルが立てられ、ペトロパヴロフスク市には壮大な記念碑が建立された。

これをもっても、日本軍守備隊がいかに激しく防衛戦を戦ったかがわかり、これらの記念碑は同時に日本軍将兵の善戦のメモリアルでもある。さらに、後に検討することにするが、北千島における善戦はソ連軍の千島全体の占領を遅延させ、ひいてはソ連の北海道占領作戦断念にも貢献した可能性が考えられる。これらを、無駄な戦い、戦死者は犬死にと一概に否定し去るだけでは、歴史を一面的にしか見ないことになろう。

ソ連軍の「千島」南部へ向かう進出

ソ連軍の北・中千島の占領

全般情勢、上級部隊の命令等、第三章といくらかの重複をいとわず記述することにする。

また、ソ連軍の「千島」南部への進出の記述については、ほとんどをソ連側の資料によらねばならないので、これまでと逆に、日本側資料による場合にその旨を付記することにする。

ソ連軍が占守島に上陸した当日、十八日二十二時四十五分、ワシレフスキー極東ソ連軍総司令官は各方面軍と艦隊の司令官に対する命令の中で、「第二極東方面軍は八月二十五日までに樺太南部及び新知島に至る千島列島北部諸島の占領を完了させること」を命じた。

これからほとんど間をおかず、十九日四時、ワシレフスキー総司令官は、第一極東方面軍と太平洋艦隊の司令官に対し、「第一極東方面軍は八月十九日から九月一日までに釧路市から留萌市に至る線より北の北海道の半分及び新知島に至る千島列島の南部諸島を占領すること。このため太平洋艦隊は同期間に第八十七狙撃軍団を移動させるよう努めること。また同期間に北海道及び千島列島に第九空軍の戦闘機師団及び爆撃機師団の基地を移動させること」を命令した。その後ワシレフスキー総司令官は、第一極東方面軍に対し、「三コ師団編成の第八十七狙撃軍団を準備し、二コ師団を北海道に、一コ師団を千島列島南部に上陸させるよう」命令した。

第一の命令は、カムチャツカ防衛区とペトロパヴロフスク海軍基地の部隊が共同して実施することになり、このため次の部隊、艦船が割り当てられた。

上陸部隊――第百三十八・百九十八・三百二・三百七十三狙撃連隊、第百二十八混成飛行連隊、第二百七十九砲兵連隊、狙撃師団の訓練大隊

艦船――国境警備艦二隻、各種掃海艇四隻、上陸用舟艇三隻、水路調査船一隻、軍用輸送船一隻、輸送船六隻、その他に漁船も集められた。

カムチャツカ防衛区とペトロパヴロフスク海軍基地は、これらを二つの偵察部隊と、上陸部隊を持つ主力部隊に編成した。カムチャツカ防衛区司令官グネチコ少将の回想によれば、ソ連軍は、これらの島々の敵がどれだけの兵力や陣地を持ち、好適な揚陸地がどこにあるかを知らず、島々の海岸についての正確な地図も持っていなかった。ソ連軍は、幌筵《パラムシル》島以南への進出が円滑に行えるように、堤第九十一師団長を同行しようとしたが、師団長は北千島の指揮権しかないので地区外の他部隊に干渉できないとことわった。それでもソ連軍の要求が強く、水津師団参謀ほかが代わりに同行することになった。

八月二十二日、スターリンは不満たらたらではあったが、トルーマンが拒否した北海道占領を諦め、トルーマンに返書を送り、極東にも指令した。ワシレフスキー総司令官は、二十二日夕以降段階的に北海道上陸中止を命じた。しかし、ウラディオストク方面からの第八十七狙撃軍団の輸送は継続し、南千島占領への仕様を準備させた。

北千島のソ連第一偵察部隊は、掃海艇一隻、歩兵用上陸用舟艇二隻、軍用輸送船一隻と

小船艇（川崎型及び漁船）からなり、デニーソフ海軍少佐指揮下の第三百七十三狙撃連隊の一コ中隊等を乗せ、二十四日十二時四十分片岡湾を出航した。デニーソフ海軍少佐は、水津参謀に随行していた長島大尉を同行した。デニーソフ海軍少佐は、二十五日十二時、志林規《シリンキ》島、磨勘留《マカンル》島を調査し、自動銃小隊を温禰古丹《オネコタン》島に上陸させ、敵の抵抗なしと報告した。グネチコ司令官は、第三百七十三狙撃連隊の一コ中隊を乗せた軍用輸送船一隻、上陸用舟艇一隻及び第二百七十九砲兵連隊第一大隊を送り、第一偵察部隊を増強し、戦利品と捕虜を収容する任務を与えた。

二十五日二十一時、デニーソフ海軍少佐は、この到着を待たずに捨子《シャス》古丹島の調査を終え、自動銃小隊を上陸させ、長島大尉とともに守備隊長に無条件降伏命令を手渡した。

二十七日十七時、偵察部隊は春牟《ハルム》古丹島に到着した。この間に、部隊の船艇は日本軍捕虜及び武器を積載した。

こうして第一偵察部隊は、二十八日二時三十分、温禰古丹島、春牟古丹島、捨子古丹島の占領を終えて日本軍捕虜と武器を積み込み、揃って片岡湾に戻った。志林規島、磨勘留島、越渇磨《エカルマ》島、知林《チリン》古丹島に日本軍守備隊はおらず、これらの島へのソ連軍部隊の上陸は行われなかった。

第二偵察部隊は、カムチャツカ防衛区参謀長ウォローノフ大佐の指揮する第三百二狙撃連隊第一中隊を乗せた警備艦「ジェルジンスキー」であった。ウォローノフ大佐には第九十一師団の水津参謀が付けられた。

二十四日二十一時三十分、警備艦「ジェルジンスキー」は、松輪島に向かって片岡湾を出航した。途中海上から雷公計《ライコケ》島には人が住んでいないことが確認された。二十五日十四時、偵察部隊は松輪島に到着し、同行した水津参謀から守備隊の独立混成第四十一聯隊長上田美憲大佐に降伏命令を手渡した。水津参謀の回想によれば、同聯隊は武器を整然と並べ、上田聯隊長は「われわれは決して降伏したものではなく、天皇陛下の命によって引き渡すものである」と、特に通訳を通じてウォローノフ大佐に申し入れた。同大佐は隊列を一巡し、この日本軍の秩序正しい姿に感心していたようだったという。

松輪島の状況については、次のような第五方面軍の参謀次長宛報告電からも、比較的友好的であったことがうかがわれる。

（八月二十六日十四時発）二十五日一六三〇より二時間松輪島敵駆逐艦上においてソ軍参謀長と我が軍使との間に行われた局地停戦協定成立の結果等要点左の如し

（一）本二十六日六時より携帯兵器及同弾薬並に十五加閉鎖機を引渡し、その他の火砲及弾薬一切を八月三十日までに引渡すこと

（二）自動車、大発（筆者註　日本軍の上陸用舟艇）は二十六日員数点検後日本軍に貸与す

（三）無線機は二機（軍無線機）のみ使用を許可

敵は全般的に友好的態度なり

（八月二十六日二十時発）松輪島武器引渡等に関するその後の状況左の如し

（一）本二十六日午前中に携帯兵器、同弾薬及無線機等の引渡及人員の検査（単に一地に整列のみ）を終了せり

（二）ソ軍参謀長は前項人員検査後現地協定を開始以来日本軍の軍紀厳正なるを激賞せりと

「ジェルジンスキー」は二十六日正午、計吐夷《ケトイ》島に向かったが、同島に日本軍がいなかったので、二十七日昼ころ新知島の新知湾に入った。水津参謀の回想によると、同参謀とウォローノフ大佐ほかが上陸したが、日本軍は既に撤退した後で一兵もいなかった。ウォローノフ大佐は、「新知島の日本軍は、停戦後、停戦協定に違反して陣地を破壊し、兵員移動の禁止条項を犯して島から撤退した。それを日本軍の代表として現認した」という文書に署名を迫った。かなり強硬であったが、水津参謀は協定以前の問題で、終戦前に撤退し

たのだから署名できないと頑張りウヤムヤになった。

　ウォローノフ大佐は、グネチコ司令官に新知島に日本軍不在を報告し、得撫島へ進む許可を要請した。

　当時ソ連軍が南千島をどう考えていたか、水津参謀の見聞を記しておこう。

「ジェルジンスキー」は得撫島沖に南下して仮泊していたが、上陸する気配がない。そのうちに兵員を乗せた輸送船団もやって来たが、やはり上陸しない。ウォローノフ大佐に聞くと、「得撫島にはアメリカ軍が来ているかもしれないから様子を見ている」という。そのうち、いきなり艦内にサイレンが鳴り戦闘配置につく。水津参謀は甲板からキャビンに追い返されて軟禁状態にされる。高射機関砲らしい対空射撃がしばらく続いた。終わって外へ出されたので、ウォローノフ大佐に今のは何だと聞くと、「実は、アメリカの飛行機が来たので戦闘をやったんだ」とこともなげにいう。それから数時間すると、北に向かって動き出したので、水津参謀はまたウォローノフ大佐に、「択捉、国後まで行かないのか」と聞いた。すると同大佐はまたこともなげに、「択捉、国後は、アメリカ軍がやって来るはずだから、われわれは手をつけずに帰るのだ」と答えたという。

　少なくとも、前線のソ連軍の認識では、一八五五年の日露国交の樹立当初から日本領と確認されていた南千島は、ソ連の占領すべき千島列島の範囲ではなく、これに接する得撫島についても必ずしも自信がなく、極めて慎重であったことがわかる。

この間に、北・中千島占領の主力部隊も行動を開始した。二十六日八時、ペトロパヴロフスク海軍根拠地隊指揮官ポノマリョフ海軍大佐の指揮によって、占領部隊主力を乗せた輸送船五隻は、警備艦一隻、掃海艇三隻、上陸用舟艇一隻に護衛されて片岡湾を出航した。主力部隊の一部は間もなく主力と別れて、同日十五時以降幌筵島南東部に接近して揚陸にかかり、三十一日明け方までかかって揚陸を終わった。

二十七日八時、警備艦「キーロフ」（ポノマリョフ海軍大佐旗艦）以下の主力は松輪島に到着した。その少し後の九時四十五分、グネチコ司令官は第二極東方面軍軍事会議から、短期間に得撫島を占領せよとの命令を受けた。グネチコ司令官は同日十五時、第百一狙撃師団長に対し、幌筵島北西部地域から得撫島に戦闘部隊を移動させる準備を命じた。

北千島から南下する部隊と、樺太から南千島に向かう部隊との統制のため、極東ソ連軍総司令部は、二十八日四時五十分、第一・第二極東方面軍司令官及び太平洋艦隊司令官に対して次のような命令を与えた。

カムチャツカ、樺太、千島列島で行動中の軍を統一指揮のもとに統合するため、次のように命令する。

一　第一極東方面軍司令官は、八月三十日二十四時までに到着するすべての部隊を、第二極東方面軍に引き渡す。同部隊は八月三十一日までに国後島、択捉島を占領し、確保する。

二　第二極東方面軍は、引き渡される部隊を樺太及び千島列島に進攻させる。諸部隊を次のように配置すること。

第二百五十五狙撃師団——カムチャツカ半島

第百一狙撃師団——千島列島北部諸島

第八十七狙撃軍団の一コ狙撃師団及び第百十三狙撃旅団——千島列島南部

第八十七狙撃軍団のその他の二コ狙撃師団——南樺太

片岡湾から南下した主力部隊は、幌筵島南東部、松輪島に占領部隊を分派した後、二十八日九時得撫島北部に接近投錨し、一部の偵察部隊を派遣した。先に到着していたウォローノフ大佐の警備艦「ジェルジンスキー」とも会合し、また幌筵島から増援部隊も到着した。二十九日朝主力はタワノ港（小船港）に入港し、偵察部隊を上陸させた。同部隊は三十日十時二十分得撫島北部に到着して偵察部隊を上陸させ、日本軍部隊と接触、三十一日カムチャツカ防衛区司令官グネチコ少将とペトロパヴロフスク海軍根拠地隊指揮官ポノマリョフ大佐は、得撫島見島湾内の掃海艇上で日本軍歩兵第百二十九旅団長仁保進少将と会見して手続きを定め、同日夕までに降伏と武器引き渡しが行われた。ここにおいて、グネチコ少将は、カムチャツカ防衛区とペトロパヴロフスク海軍根拠地隊の戦闘行動の完了を宣言した。

南千島、色丹島、歯舞群島の占領

樺太の大泊を占領後、太平洋艦隊司令部は千島列島南部に対する上陸作戦の準備を進めた。真岡上陸の際の揚陸指揮官にひき続いて大泊の上陸作戦指揮官を務めた北太平洋艦隊のア・イ・レオーノフ海軍大佐は、二十六日五時四十分、「国後島及び択捉島を偵察。そのために掃海艇各一隻及び各一コ中隊を各島に上陸させ、最も責任ある将校を任命すること」という任務を受けた。

択捉島に対しては、太平洋艦隊司令官の二十五日付の命令によって、二十六日飛行艇二機によって空挺部隊を送ったが、濃霧の中で一機はエンジン不調で得撫島に不時着し、一機は燃料切れで大泊に帰った。

このころ、艦船の大部分は機械油をもたず、食糧は不足し、国後島、択捉島に関する情報も乏しかった。しかし、北太平洋艦隊司令官の厳しい決定に基づき、レオーノフ海軍大佐は、大泊にある掃海艇二隻に第百十三狙撃旅団第三大隊の第一・第二中隊をそれぞれ乗せて同日十二時五十分大泊を出航させた。揚陸指揮官はブルンシティン海軍中佐であった。二隻の掃海艇は二十八日十三時十五分択捉島留別湾に入り、先遣隊を上陸させた。間もなく日本軍の軍使が到着し、小川権之助中将の第八十九師団が駐留しており降伏の用意があることを知らせた。ブルンシティン海軍中佐は、日本軍の抵抗は受けなかったが、日本軍の兵力がはるかに多いことを考慮し、掃海艇二隻に乗船した二コ中隊とも択捉島に上陸させた。

二十八日二十一時五十分、北太平洋艦隊司令官は極東ソ連軍総司令官の次のような命令を受領した。

> 択捉島と国後島に第三百五十五狙撃師団、第百十三狙撃旅団、砲兵連隊を移動させる。部隊は大泊において乗船。第三百五十五狙撃師団の中から二コ連隊を択捉島に、一コ連隊を国後島に上陸させる。
>
> この作戦を実施するため、兵員を完全充足したチェチェリン海軍少佐の部隊、上陸用舟艇二隻、上陸用輸送船三隻、輸送船四隻を割り当てる。
>
> 作戦を一九四五年九月三日に完了させる。

国後島への上陸の遅延に対し、北太平洋艦隊司令官は三十日十七時二十五分、択捉島にある掃海艇一隻は、同島に上陸した部隊のうち一コ中隊を乗せ、国後島に輸送することを命じた。

三十一日五時五分、ブルンシティン海軍中佐は命令に基づき、掃海艇一隻に一〇〇名の上陸部隊を乗せ、揚陸手段として日本漁船を曳航して択捉島留別湾から国後島に向かった。同じころ、大泊で国後島に派遣する別の部隊が編成された。ヴィニチェンコ海軍少佐の指揮する自動小銃一コ大隊、偵察一コ中隊、四五ミリ砲二門の第百十三狙撃旅団の部隊を乗せた上陸用舟艇一隻、衛生一コ中隊を乗せた上陸用舟艇一隻と警備艦一隻は、九月一日五時四十分、国後島古釜布湾入り口に到着して、ブルンシティン海軍中佐の上陸用舟艇と合流した。

両部隊の上陸用舟艇は一緒に湾内に入り六時四十分揚陸を開始した。日本軍の軍使が到着し、降伏の用意があることを伝えた。同島には、第八十九師団混成第四旅団独立歩兵第四百二十二大隊（松野直司少佐）基幹の少兵力しかいなかった。

当時、国後島作万別郵便局長であった奥野石次郎氏の回想によると、

「やって来たソ連軍は日本の軍服を着ており（樺太で日本軍倉庫から入手したものか）、日露英語の会話ブックを片手に、日本軍の所在、兵力を聞いた。万年筆などはとられたが、

住民に危害を加えるようなことはなかった。ただこれに抵抗して射殺されたという話はきいている。自分は九月末脱出したが、見つかって撃たれて死んだ人もいた……」。

太平洋艦隊司令部は色丹島の占領のため、大泊でヴォストリコフ海軍少佐の指揮する上陸部隊を編成した。第百十三狙撃旅団の二コ大隊基幹、掃海艇、機雷敷設艦各一隻の部隊は、三十一日二時三十分大泊を出航し、九月一日九時色丹島の斜古丹湾に入った。先遣部隊が上陸すると日本軍の軍使が来て、降伏する用意があると告げた。色丹島には第八十九師団の土井定七少将指揮する混成第四旅団本部、二コ独立歩兵大隊、旅団砲兵隊主力、一コ独立機関銃大隊、一コ独立臼砲中隊等があった。

当時色丹島で漁業と雑貨店を営み、警防団長でもあった小泉秀吉氏の回想によると、「土井旅団長は、十九日村の幹部を集め『旅団は実は終戦の一両日前に本土転進の命を受けていたが、船の手配中に終戦になった。転進するときは、旅団の保有の米四万俵その他の物資を島民に残して行くつもりだった』と話された。私が『島内の全漁船を動員すれば十日間で全部隊を送れる。島民最後のご奉仕をやらせてくれ』と申し入れたが、土井少将は『ご好意は有り難いが、既に終戦になったのだから連合軍が来るはず。日本軍人として立派に武装解除を受けてから進退を決める』と言われた。つまり、聖旨を奉じ、恭順の態度だった。……また九月一日、最初に斜古丹港外で日本船を止めて乗り移って来たソ連軍兵士は、開口一番『お前たちの島にアメリカ兵はいるか』と聞いた」。

松輪島における見事な武装解除や土井少将のような日本軍人らの態度は、現地に進出した前線部隊等には好印象を与えたであろうが、モスクワはそんなことには関係なく、これに対してシベリア等への長期抑留と厳しい強制労役をもって応えたわけである。また米軍部隊の在否を気にしていたことは、そこがソ連の占領地域であるという自信がなかったことの証しであろう。

さらに太平洋艦隊は、南千島諸島を占領するための基地として国後島を使用することと、チェチェリン海軍少佐の指揮する上陸部隊を送ることを決定した。輸送船二隻、警備艦一隻、掃海艇二隻に第百十三狙撃旅団の兵員約二、五〇〇名と相当数の火砲、自動車、馬、弾薬と糧食を積み、チェチェリン海軍少佐の部隊は九月三日四時国後島古釜布湾に到着した。もう一つ、ウスペンスキー海軍大佐指揮のもとに、輸送船、掃海艇各一隻に第百十三狙撃旅団の兵員一、三〇〇名と装備、補給品を乗せた部隊も編成され、九月四日朝国後島に到着した。

これより先、九月二日十時四十分、北太平洋艦隊司令官はレオーノフ海軍大佐に対して、歯舞群島占領作戦の準備を行うよう命令し、作戦遂行をチェチェリン海軍少佐に委任した。同時に、行動計画を九月三日に提出するよう命令した。

　レオーノフ海軍大佐は、直ちに無線でこの命令をチェチェリン海軍少佐に伝えた。レオーノフは、太平洋艦隊と北太平洋艦隊の参謀部にチェチェリン宛の電報の写しを送り、「チェチェリンとの連絡不良。乗艦の無線士の訓練不足の結果、チェチェリンに対し九月三日に必要なのは行動ではなく計画であることを説明できなかった」旨を報告している。

　行動を命じられたと理解したと思われるチェチェリン海軍少佐はただちに準備に着手し、それぞれ掃海艇一隻と上陸用舟艇一隻をもつ二つの船団を編成し、第一グループに水晶島、勇留《ユリ》島、秋勇留《アキユリ》島占領の任務を、第二グループに多楽《タラク》島、志発《シボツ》島、春刈《ハルカル》島占領の任務を与えた。第百十三狙撃旅団長が各島の占領に必要な地上兵力を割り当てた。

　九月三日十一時、国後島古釜布湾を出航したチェチェリン海軍少佐指揮の第一・第二グループは、四日三時五十分歯舞群島地域に到着し、直ちに偵察を行った後、部隊の揚陸にとりかかり、四日十九時三十分揚陸を完了した。この地域には日本軍第八十九師団混成第四旅団の独立歩兵第四百二十一大隊（左藤政美大尉）が配備され、主力は志発島、多楽、水晶、勇留、秋勇留の各島に一部があったが、混乱はなかった。

　九月五日十九時、チェチェリン海軍少佐の艦船は歯舞群島における日本軍捕虜と武器を上陸用舟艇と掃海艇に積み込み、同日二十三時三十五分、国後島古釜布湾に到着した。

北太平洋艦隊司令部は、歯舞群島占領のためにチェチェリン海軍少佐のとった行動を高く評価し、報告を受けた太平洋艦隊司令部も何らの政治的困難をもたらさなかったチェチェリンの行動結果を承認した。

こうして、日露の接触以来一貫して日本固有の領土であった南千島、色丹島及び歯舞群島は八月二十八日から九月五日にかけてソ連軍に占領された。その後太平洋艦隊は、この地域に第八十七狙撃軍団の諸部隊を輸送し、ソ連による実効支配を強化した。

ソ連による支配態勢確立とともに、日本軍及び島民に対する取り扱いはしだいに変化する。九月四日第五方面軍の参謀次長宛報告電が、「目下札幌と樺太、千島方面との通信は一切ソ軍により停止せられありて命令等伝達状況把握は悉く不能の状態にあり」と伝えているように、日本側には全く状況がわからなくなる。ソ連は、「千島」南部で約二万名、「千島」全部で約五万名の日本軍捕虜を、大部分樺太経由でシベリア方面に移送、抑留し、強制労役に従事させた。

当時、色丹村長であった梅原衛氏の回想によると、

「兵隊たちは九月十四、五日ころの船便で、日本へ帰されるんだといいながら、喜んで島を出て行った。しかし、これは嘘で樺太へ送られたのだった。一コ大隊ほどが翌年三月ま

で残され、労役に使われていたが、これも国後に移された後やはり樺太へ送られた」。

残留していた一般住民については、ソ連当局は島の産業等を維持するため、最初これを引き留めた。日本住民自身、ヤルタ協定のことなど知らず、占領は一時的なものと思っていた。しかし、将来への不安と生活の厳しさによって、かなりの住民が北海道へ脱出した。翌一九四六年二月米国の発表によりヤルタ協定の存在が明らかになり、日本住民の不安も増大した。一方日本住民からの産業の引き継ぎなどが進行したこともあり、ソ連側は日本人の強制送還を決定し、島の生活が困らないように一九四六年から一九四八年にかけて、段階的に送還を行った。なお、終戦時に避難できず、樺太に残留した（せざるを得なかった）日本住民もほぼ同様に扱われた。

さらにソ連は、一九四六年二月二日付最高会議幹部会令によって一方的に南樺太と「クリル諸島」から構成される南サハリン州を設置し、ロシア共和国ハバロフスク地方に編入した（なおソ連は、一九四七年二月二十五日、ソ連邦憲法を改正してこの決定を補強している）。以来実効ある国際的取り決めは、今日まで一切行われておらず、ソ連及びその後継ロシアによる一方的占領状態が継続しているわけである。

終章　樺太、千島方面の戦いの意味

日本が連合国に対する降伏文書に正式に調印した翌日、九月三日、スターリンは『プラウダ』紙上にソ連国民に対する布告を発表した。長文の布告の中から、その要点の一部を摘記する。

「……日本の侵略行為は一九〇四年から始まっていた。……周知のとおりロシアは日本との戦争において当時敗北した。日本はロシアより南樺太を裂き取り、千島諸島に地歩を確立し、かくて東方においてわが国のために大洋へのあらゆる出路を封鎖し、もってソ領カムチャツカ及びチュコート（北氷洋の島々）の諸港に至るあらゆる出口をも封鎖するために、帝政ロシアの敗北を利用したのである。

……日露戦争当時の敗北は、国民の意識の中に悲痛な記憶を残した。その敗北はわが国に汚点を留めた。わが国民は日本が撃破され、汚点が拭いさられる日の到来を信じて待っていた。四十年間われらの古き世代の人々はその日を待った。遂にその日は到来した。……このことは南樺太と千島とがソ連邦に返り、今後両者が大洋よりソ連を隔離することなく、また、わが極東に対する日本の攻撃基地となることなく、ソ連邦の大洋に至る直接連絡路となり、日本の侵略に対するわが国の防衛基地となることを意味する。

……」

扇動的な復仇思想に満ちた布告文には、嘘と本音が交じっている。日露戦争における日本軍は、満州（清国領土）に侵入したロシア軍と戦ったのであって、ロシアに対する侵略とはいい難い。南樺太は確かに日露戦争の結果のポーツマス講和条約によって割譲されたものであるが、千島は通常の外交交渉を通じ、日露戦争のはるか前、一八七五年「樺太千島交換条約」によって日本領土となったものである。従って千島はソ連邦に返ったのではなく、ソ連が戦争によって日本から奪ったという方が正確であろう。

南樺太と千島の地政学的価値から、大洋への自由な出入口を確保し、安全保障上の縦深を得るということは、対日参戦の本音の理由に違いないであろう。スターリンが対外拡張意欲をあらわにしたのは、一九二九年満州において、張学良軍を攻撃して帝政ロシア時代以来の権益を確保したことに始まる。ピークをなしたのは一九三九年から四〇年にかけてで、ヒトラーとの密約に基づき、ポーランド東半、バルト三国を併呑し、フィンランドに対して一方的に開戦して領土を割譲させ、ルーマニアからも多くの領土を割譲させた。西方で十分に拡張したら、今度は東方でという思考があっても不思議ではない。日ソ中立条約の折衝に当たり、一九四〇年十一月、モロトフ外相は樺太、千島を回復すべき失地と考えている旨を匂わせている。

第一章で見たとおり、一九四一年日米開戦ころからスターリンは対日参戦意志をもっており、それはしだいに現実化し、参戦準備を進めるとともに、主として米国との間の交渉で対日参戦条件も明確化して行くのである。日本が最後の瞬間までソ連の好意を当てにし、対米英和平仲介に望みをかけたのは、喜劇的な悲劇とでもいうべきであろうか。

スターリンが連合国首脳に対して対日参戦を公式に表明したのは、一九四三年十一月テヘラン会談の場であるが、その時から対日参戦条件として、満州の諸権益とともに南樺太と千島列島全部の獲得を考えていた。四五年九月三日の戦勝メッセージのとおり、大洋への出入口でありかつ安全保障上の足掛かりの確保は、スターリンの悲願ともいうべきものであった。

帝政ロシアもソ連も、その拡張的政策を遂行する上で、軍事占領を重視することに変わりはなかった。しかし、第二次世界大戦における連合国としては、その国（地域）への軍事作戦を直接担い軍事占領を行った国が、占領管理全般においても排他的な実権を掌握するやり方は、英米がイタリアで始めた方式である。この先例によって、ソ連の軍事占領重視がさらに徹底することになったといえなくもない。ソ連は、ヤルタ協定によって、将来の領土としての帰属あるいは権益獲得については米英の同意を得たが、同時に軍事占領すべき地域が確定したわけではなかった。将来の帰属あるいは排他的な支配権を保証するのは、あくまでも軍事占領にあると考えるソ連は、何としても所望地域の軍事占領遂行に努力したのである。

満州には、既に張り子の虎になり果てていたのであるが、かつては精鋭を誇った関東軍（満州防衛の日本軍）がいる。そこでソ連は、極東ソ連軍のほとんど全力を集中して必勝の態勢をとり、第一次作戦として八月九日に攻勢を開始した。樺太、千島方面に対するソ連軍部隊は、当初防御態勢をとっていたのである。日本政府が八月十日早朝、いわゆる留保付きのポツダム宣言受諾通告を発電し、事態が急速に戦争終結に向かうと見るや、ソ連は八月十一日に、樺太作戦をまず国境を越える地上攻撃から開始した。問題は千島であった。千島方面はソ連軍が全く作戦しておらず、米軍が盛んに作戦してきたところである。米国が作成した日本に与える一般命令第一号において、当初は日本軍の降伏受け入れのソ連軍担任地域から千島は外されており、スターリンの要求によって、降伏受け入れの担任地域には入った。しかし、ポツダムにおける軍事会談で協議された米ソの作戦境界は、千島方面があいまい（オホーツク海は米ソ海空軍の共同作戦区域、太平洋は米艦隊の作戦区域）で、温禰古丹海峡を米ソ海空軍の作戦境界にするという合意も存在した。

八月十五日前後、ソ連最高総司令部は米国が自ら千島占領に乗り出すことを危惧し、ワシレフスキー極東ソ連軍総司令官は、海軍総司令官と太平洋艦隊司令官に対して、温禰古丹海峡以北の日本軍を掃討して大洋への出口にある島（占守島、幌筵島、阿頼度島）をしっかりと自国に所属させることを強調している。実際に米国統合参謀長会議では、温禰古丹海峡を境界として米ソによる千島分割占領も考えられたのである。

八月十四日深夜、日本政府がポツダム宣言の最終的受諾通告を発電し、終戦が確定した後、ソ連は八月十五日、一方的に継戦を声明し、急ぎ千島上陸命令を発した。とにかくソ連としては、ありあわせの在カムチャツカの部隊、艦船だけで、八月十八日、千島北端から軍事占領作戦を開始した。

さらに北海道北部占領作戦もスケジュールに上る。これは第二次作戦の樺太占領が進捗してはじめて可能になる第三次作戦であった。八月十六日にスターリンがトルーマン宛に、これまで参戦条件として全く持ち出したことのなかった北海道北部占領を追加要求し、トルーマンの拒絶の書簡を十八日に受領した。しかしスターリンはしばらくの間、トルーマンに返事も出さず、極東ソ連軍へ中止の指令も出していない。スターリンが決断して作戦中止となったのは二十二日である。

本作戦断念の直接的理由の一つは、トルーマンの拒否にある。従ってロシアの研究者が指摘するように、戦後における米ソ関係をこわしたくなかったことも重要な判断要素ではあった。しかし、作戦準備を進行させながら、スターリンが四日間逡巡した理由は、できれば北海道北部の占領を、日本の正式降伏調印前に既成事実化できるか否かの判断にあったというのが筆者の推論である。作戦を強行して降伏調印以後にずれ込み、もし米軍と衝突した場合、圧倒的に優勢な海空軍を持つ米軍に対して、北海道では勝ち目がない。このことは絶対的要素となる。

正式降伏調印前に既成事実化できないと判断させたとすれば、それは北海道占領作戦開始の遅れであり、その原因は日本軍の頑強な抗戦にある。ソ連の企図を正しく判断した第五方面軍の指導に基づき、樺太において第八十八師団は八月十五日以後も懸命に戦い、作戦準備基地となる樺太南部の占領が遅れてしまった。北海道作戦開始の時期のめどがたたない。占守島の第九十一師団は、押っ取り刀でカムチャツカから駆けつけたソ連軍と激戦を交え、幌筵島以南への進出が遅れてしまった。スターリンとしては悲願ともいうべき千島の占領を優先せざるを得ない状況であった。

北海道を断念したら、千島や満州方面で穴埋めしたいと考えるのは、スターリン流には自然なことかも知れない。千島を南下して、もし米軍がいたら引き返せばよい。ここなら抜き差しならない事態にはならないから、米軍の在否を確認しながら遂に南千島、色丹島、歯舞群島まで進出する。これには、日本の正式降伏調印が、日本側の都合と台風による受け入れ準備の遅延によって、当初のマッカーサー司令部の予定より五日間延期されたことにも助けられた。その上、米軍がいないことをさいわいに、降伏調印後にしかも正規の命令によらずして、歯舞群島は占領され、事後承認されたのである。地上軍大兵力がものをいう満州方面は、ソ連にとってこっちのものである。全域を占領し、捕虜も資産も思うままに処理した。

独裁者スターリンの心理を断定する根拠はまだ明らかでないが、その判断に及ぼした軍事作戦の影響が大きく、その間の経緯から主として樺太、千島における日本軍の善戦が北海道分割を未然に防ぐことに貢献したことは間違いない。

ソ連は、終戦翌日の八月十六日、捕虜のソ連領移送は行わないと指示しておきながら、八月二十三日、日本軍捕虜五〇万名のシベリア等移送の極秘指令を発し、約六〇万名の日本軍人らを、長期間（最長一九五六年まで一一年余）劣悪な環境下に抑留、労役させ、約六万名の死者を出したのである。八月二十三日付指令によるシベリア等への抑留は、ロシアの研究者の多くが北海道占領断念の代償であったとしている。これも決定的根拠をもって断定はできないが、前後の経緯からその可能性が高いということはいえよう。

ソ連は、極めて短期間の軍事作戦によって、極東における戦後処理に関して絶大な利益を得た。しかし、一方ソ連は、和平仲介を依頼しつつある満身創痍の日本に、なお翌年まで有効な日ソ中立条約を破って攻撃を加えたこと、北東方面だけを見ても、ポーツマス条約により日本領土となり、ソ連も日ソ基本条約で承認した南樺太、樺太千島交換条約による北・中千島、さらにはわが国固有の領土たる南千島、その上千島列島ではなく北海道に付属した色丹島、歯舞群島まで占領し、かつまた多数の日本軍将兵らを長期抑留したことによって、多くの日本国民に抜き難い対ソ不信の念を植え付けた。こうして、戦後四十年以上にわたる冷戦期の対立的関係につながったのである。

冷戦後といわれる今日、時あたかも大戦終結五十年の節目を迎え、冷徹に歴史上の事実を踏まえた上で隣国関係の歴史のしがらみを解きほぐし、不毛の対立から新しい友好的関係構築へ、着実なステップを踏み出す努力が望まれるところである。

あとがき

今から五年前に、筆者は、一九四五（昭和二十）年の満州における戦いについて、『ソ連軍進攻と日本軍』と題して、本書と同じ国書刊行会から出版した。この一九四五年の日ソ戦は、ソ連側が詳しく麗々しく戦史として描いているのに対して、日本側では断片的に受難の様子などを中心に綴ったものが多く、日ソ双方の資料に基づき客観的に作戦の全体及び第一線の実態などを明らかにした研究が不十分だと考えたからである。しかし、そのときは諸事情から、満州方面をまとめたところで研究を中断せざるを得なかった。手をつけられなかった樺太・千島方面を、今回不十分ながらまとめることができ、心にかかっていた宿題を一応終えたような気がしている。

その後のわずかな間にソ連邦は崩壊し、冷戦後といわれる時代になった。またロシアにおけるグラスノスチ政策の進展もあり、断片的ながら新しい事実も知られるようになった。いうまでもなく、樺太・千島の戦いはわが国土における戦いであり、大戦の結果本来の日本国土を失ったのはこの正面であり、一つ間違えると北海道さえ分割される危険もあったのである。

独裁者スターリンの決断の理由など、心の中の問題を客観的に判断することはむつかしく、隔靴掻痒の感を免れないが、そのような問題意識をもって筆者なりの解釈も試みたつもりである。

なお、終章でも触れたとおり、筆者の願いは反露思想をあおることではなく、しっかりと足元を見つめ直して、隣国としての真の友好関係を築きあげる努力の出発点とすることにある。

表記についてであるが、日本軍の場合、固有名詞であるために「聯隊」の字を使用した。ソ連軍の場合は一般名詞と理解し、「連隊」と表記した。

最後に、本書の企画、編集について一方ならぬ援助を頂いたFEP社の藤井非三四氏、前回の満州の部に引き続き快く出版を引き受けて頂いた国書刊行会社長の佐藤今朝夫氏に心から御礼を申し上げるとともに、朔北の地に恨みを呑んで日本再建の人柱となられた方々に謹んで本書を捧げるものである。

一九九五年七月

中山隆志

文庫版のためのあとがき

本書は、最初単行本として一九九五年に国書刊行会から出版されたものである。その後六年を経過したが、その間特に改訂すべき史実や情勢の大きな変化もなかったので、本文及び当時のまえがき、あとがきも、そのまま掲載することにした。

ここでは、一九八五年ソ連共産党書記長に就任したゴルバチョフが、「ペレストロイカ」、「グラスノスチ」政策を掲げてパンドラの箱をあけて以後のソ連、ロシアにおける外交史分野における見直しとその結果を少し見てみたい。この中で一つのエポックをなしたのは、一九三九年八月に締結された独ソ不可侵条約附属の秘密議定書の再検討であった。この議定書でソ連の勢力範囲に含まれたために、ソ連軍の進駐に引き続きソ連領に編入されたバルト三共和国が、この議定書のソ連政府による公開・調査を要求したのである。このような見直しがきっかけとなり、ヨーロッパ・ロシアから中央アジアにいたる一四の共和国、ロシア共和国をも含めてソ連邦内の一五の共和国すべてが一九九〇年中にソ連邦からの独立または主権宣言を行った。こうして一九九一年八月のクーデター事件を経て同年十二月にソ連邦は消滅した。この方面においては、民族の抑圧と領土併合というソ連邦の負の遺産はほぼ清算された。ワルシャワ条約機構の解体などにより東欧諸国への締め付けもなくなり、東西ドイツの統一も実現した。二〇世紀中はもとより、二一世紀に入っても簡単には変化しないと思われた問題が、世界中の誰もが予想もしなかった早さで解消した。

極東方面においては、ゴルバチョフの片腕として「新思考外交」を担任したシェワルナゼ外相が一九八八年来日した際の合意に基き、ソ連邦崩壊後の一九九二年九月、日本・ロシア両国外務省の共同編集による「日露間領土問題の歴史に関する共同作成資料集」が日露両国語で出版された。これにより、いわゆる北方領土問題を中心とする歴史認識について、日露両国は共通の立場に立つことになったはずであった。その後一九九三年十月のエリツィン大統領訪日時に、北方領土問題を含めて平和条約のための準備作業促進を強調する「東京宣言」が出され、一九九七年十一月の橋本・エリツィン両首脳のクラスノヤルスク会談では、「東京宣言に基き二〇〇〇年までに日露平和条約を締結する」という合意も成立した。ヨーロッパ方面などより遅れてはいたが、日露間の問題も比較的早期に解決の方向にあると思われた。ところが、エリツィン政権後期の経済混乱、プーチン大統領への政権交代などもあって、この方向への動きは極めて鈍く、ロシア側の意向により、平和条約に関するクラスノヤルスク合意は実現されなかった。

ヨーロッパ正面と極東正面（日露関係）におけるこの大きな落差は、いかなる原因によるのであろうか。ロシア側の問題について、本書で主要な参考文献とさせていただいた『ソ連の千島占領　一九四五年八月―九月』の著者ボリス・N・スラヴィンスキーは、同書において、ソ連の対日参戦が日ソ中立条約に違反するものであったとし、日本がポツダム宣言を受諾した八月十五日以降に行われた千島や樺太におけるソ連軍の攻撃の必要性に疑問を呈している。スラヴィンスキーは、その後一九九五年に『ソ日中立条約　一九四一―一九四五年の外交史』（邦訳：『考証　日ソ中立条約』高橋実／江沢和弘訳、岩波書店、一九九六年）、一九九九年に『ソ連と日本：戦争への道　一九三七―一九四五年の外交史』（邦訳：『日ソ戦争への道　ノモンハンから千島占領まで』加藤幸廣訳、共同通信社、一九九九年）を刊行し、ソ連時代の史料を精査してソ連時代につくられた史観から脱却し、史実の解明に基く公正客観的な見解を提出している。次にその一部を紹介する。

一九四五年八月、日ソの間に戦争によらなければ解決できないような問題はまったくなかったにもかかわらず、ソ連は日ソ中立条約に違反して対日参戦した。ソ連政府は、ドイツが不可侵条約を破って、ソ連に対して背信的な侵攻をしたゆえに、ドイツの戦争犯罪人を裁いたニュールンベルク裁判においては、彼らを裁く道徳的権利を持っていた。東京裁判では状況はまったく違っていた。日ソ関係は独ソ関係とまったく正反対で、翌年まで有効な中立条約を破って攻撃をしかけたのはソ連であった。そこで、ソ連の立場を正当化するために、日本に関する虚偽情報の大がかりなキャンペーンが始まった。そのためにソ連共産党中央委員会の特別指示によって、ソ連政府・軍その他さまざまな機関、研究所が、でたらめな数字の入った何十という証明書や文書、地図を作成し、都合のよい事実だけが集められ、日ソ関係史が偽造された。こうした資料は公開され、さまざまな本の形で出版された。

一つの事例を挙げれば、東京裁判で、日本側が引き起こした侵略行動とされた一九三八年七〜八月の張鼓峰事件（旧満州南東部の国境紛争事件）は、実際はソ連側によって引き起こされたものであり、事実は次のとおりであった。赤軍粛清の異常事態の中で、ソ連国境警備隊が、その地域には直接兵力を配置しないという日ソ両国の暗黙の了解を破り、ソ連側が自ら主張する国境線（張鼓峰頂上稜線）を越えて陣地を占領したのがことの起りであった。これを知ったソ連極東方面軍司令官ブリュッヘル元帥は、国防人民委員宛の電報で軍事紛争がソ連側の行動によって引き起こされたと指摘し、責任者の速やかな逮捕を要求した（国境警備隊は内務人民委員部の管轄下にあり、彼の指揮下になかった）。内務人民委員部は反発し、彼ら側のスターリンへの報告により、スターリンの怒りを買ったブリュッヘルは、敗北主義的立場をとった人民の敵、陰謀者として逮捕、処刑された。

戦後における日ソ関係の悲劇は、東京裁判の資料が歴史的真実としてソ連邦の対日政策の基礎に据えられたことにある。全体としてソ連の宣伝は日ソ関係に大きな損害を与え、虚偽情報はロシア人の意識の奥深く浸透している。したがって、普通学校の教科書をはじめとして、ロシア人が、極東の隣人、日本人について、多くのマイナスの紋切り型イメージから解放されるには、長い間の啓蒙活動が必要であろう。

以上が、日露関係の建設的発展を願うスラヴィンスキーの、自国側に関する勇気ある啓蒙的発言（告発）の基本的論点と一事例である。日本側としては、スラヴィンスキーらの驥尾に付いて、旧ソ連あるいはロシアの現状の不十分なことをいたずらに糾弾するのではなく、日本側の歴史認識についても客観的かつ謙虚な反省を加えつつ、できる限り彼らのようなロシア側の良識ある人々の活動の支えになるといった態度が必要であろう。ただ、日本の現状をみると、スラヴィンスキーが、「日本では半世紀前の出来事についてコンセンサスがなされていないように思われる」と指摘しているとおりであり、それより以前に、北方領土問題や日露平和条約の締結問題に対する関心の低さが心配される。日露関係の喉にささった骨ともいうべき北方領土問題を解決して平和条約を締結し、永続的な日露友好関係を樹立するために、日本側においてもより一層、この問題の正しい理解と解決への熱意を持ち、長期的視野に立った国家的、国民的努力が望まれる。

二〇〇一年六月

中山隆志

解説

庄司潤一郎

太平洋戦争と一言で言っても、その様相は地域、対戦相手など複雑である。それは、アメリカとの太平洋地域における戦争、大陸における中国との戦争、東南アジアの植民地地域における英米蘭などの宗主国との戦争、そして満州など北方地域を中心とするソ連との戦争などである。

一方、戦後日本において戦史に関する研究もしくは文献は数多存在するが、最後のソ連との戦争に関しては、ノモンハン事件について若干あるものの、他の類型と比較して、一九四五年の日ソ戦に関するものは圧倒的に少ないと言っても過言ではない。むしろ、ボリス・スラヴィンスキーによる著書が数多く翻訳されていることが物語るように、ロシア側においては特に近年盛んになされており、日ソ間のギャップは大きいと言わねばならない。

ドイツでも戦後、独ソ戦、特にスターリングラードからベルリンにいたる後半部に関する研究はあまりなされなかった。ドイツが独ソ戦の緒戦において行ったソ連の軍人及び民間人に対する残虐行為の存在ゆえ、ドイツ側の「被害」の側面に触れることは長い間タブーであったためである。しかし、近年、冷戦の終結・社会主義の崩壊による「歴史の見直し」のなか、ドイツ軍捕虜への虐待、東方からのドイツ人の追放、ソ連軍によるドイツ女性に対する暴行などの調査・研究が進みつつある。

　このドイツの事情と、ソ連の一方的攻撃で始まった一九四五年の日ソ戦とは、背景が全く異なっていることは言うまでもない。ではなぜ日本では日ソ戦の研究がなされてこなかったのであろうか。先ず、研究の基礎となる史料公開の問題がある。しかし、ロシアの民主化にともない、この問題も徐々にではあるが解決しつつあり、ロシアにおける最近の研究の進捗をもたらしている。ところで、ここで言う「史料」とは、ソ連側のものだけではなく、戦後ソ連によって押収された関東軍を中心とする日本側の史料も含んでいる。これら押収史料は、現在でもモスクワ近郊に所蔵されており、複雑な手続きと条件のもと、部分的にしかアクセスすることはできない。早急な整理と公開（さらに可能であれば日本への返還）が望まれる所以である。

　より大きな要因は、イデオロギーの問題であろう。戦後日本の学界・言論界は、マルクス主義の大きな影響を受けており、日中戦争に象徴される日本による「加害」、及び原爆投下・沖縄戦などのアメリカによる「加害」を含む日米戦は対象足り得ても、ソ連により始められた戦争は、社会主義国による「侵略」ということで、タブーにならざるを得なかったのである。ましてや、ソ連による「加害」はもちろんであり、シベリア抑留に関する研究もほとんどなされていない。それどころか、日本の学界では、関特演によって事実上日ソ中立条約は既に日本により破棄されていたとの見解が散見されたのである。朝鮮戦争が、長い間日本では、米韓両国による「北進」と信じられてきた事情と同じであろう。しかし、スラヴィンスキーなどロシア側の最近の研究は、ソ連の対日参戦が日ソ中立条約に違反していると明快に断じるとともに、八月十五日以降のソ連軍による攻撃に疑問を投げ掛けている。本書の著者も、関特演をソ連に対する「不信行為」と認めたうえで、「武力行使が可能な情勢が生まれたら必ず対ソ攻撃をしたか否かはまったくわからないことであり、歴史上の『イフ（ｉｆ）』をもって日本人が自らを卑下したり自虐的になる必要はないというのが国際的な常識であろう」と述べている。

こうした日本の特殊な状況にあって、戦後五〇年の夏に本書が刊行された意義は大きいと言わねばならない。そして今回「文庫化」され、より多くの日本人が本書に接することが可能になったことを心より喜ぶ次第である。

著者の中山隆志元防衛大学校教授は日ソ戦研究の権威であり、一九四五年の満州における戦いについては、既に『ソ連軍進攻と日本軍』を刊行している。そこで示された、日ソ双方の史料を丹念に突き合わせることにより、作戦の全体像と第一線の実態を浮かび上がらせる独特の手法は、定評のあるところである。

本書は、次なる課題であった、八月十五日終戦前後の樺太及び千島における日ソ戦を対象としている。千島北端の占守島への上陸攻撃は、ポツダム宣言を受諾し、大本営が「即時戦闘行動停止」命令を発した後の八月十八日であり、さらに、日本固有とされる歯舞群島の占領は、九月二日の日本の正式降伏調印後になされたのである。こうした事実は、一般の日本人には長い間忘れ去られており、まさに「闇に葬られた戦争秘話（そして悲話）」であったと言っても過言ではない。

本書は、単にその間の戦史に限定されるのではなく、北方地域をめぐる日露間の歴史的経緯、樺太・千島の地誌、そしてソ連参戦にいたる日ソ間の外交関係にも詳細な目配りがなされることにより、日ソ戦にあまり知識のない一般の読者にとっても読みやすいものとなっているとともに、より深い理解にも役立っている。

特に本書は、「戦史叢書」を中心とする日本側と、『ソ連の千島占領』、『南樺太及び千島作戦』などのソ連側の両国の戦史を照合することにより、日ソ戦の「真実」により迫っており、それが本書の大きな特徴となっている。戦争（戦闘）が相互行為である以上、両陣営の史料に当たらなければ、正確かつ公平な歴史が叙述できないのは自明の理である。しかし、史料・語学などの制約もあり、日米間で一部なされているほかは、ほとんどが一方的な戦史となっているのが実情であり、その意味で著者の労に敬意を表したい。

こうした作業を通して、本書は、日本軍が主要な部隊が南方に転用されたにもかかわらず、各地域で健闘した事実を明らかにしている。例えば、占守島では日本軍の守備隊は激しい抵抗を行い、日本側死傷者一、〇一八名に対し、ソ連側は一、五六七名となっており、イズベスチャ紙では、「占守島の戦いは、満州、朝鮮における戦闘よりはるかに損害甚大であった。八月十九日はソ連人民悲しみの日である」と述べていたとのことである。近年、ノモンハン事件研究において、一方的敗北とされていた日本軍の戦いに対する再評価がなされているが、一九四五年の日ソ戦も同様であったとの感を強くする。

そのため、ソ連軍は日本軍への恐怖から自ら作り出した「幻影」と戦っていたことが、ソ連側戦史との照合から本書で明らかにされている。しかし、悲劇であったのは、この「幻影」のために、多くの民間人がソ連軍により攻撃・殺傷され犠牲となったことである。例えば、樺太の真岡はその象徴であり、通信維持のため電話交換に従事していた九名の女性をはじめとする多くの日本人が、ソ連軍の猛攻撃のなか、自決を遂げている。日本は、中国大陸では、全く逆の体験をしなければならなかったが、これが「戦争」であろう。

しかし、多くの日本人にとっての戦争体験とは、空襲や食糧難などであり、そこには生きた「敵」の存在はないと言えよう。そういった観点から、日本人は歴史上元寇を除き真に戦争を体験しなかったし、したがって戦後戦争を直視することを忌避してきたとして、ナイーブな日本人の戦争観に対する指摘もなされている。国土全体が地上戦で焦土となった同じ敗戦国のドイツとは、戦争体験が異なっていることは言うまでもない。そのなかで、沖縄戦が唯一の本土での戦いと言われるが、本書で言及された樺太・千島もまさにそうであり、さらに満州も多くの民間人をも巻き込んだ悲惨な地上戦であり、こうした狂乱怒濤のなかでの人々の苦難がいかなるものであったか、一般の日本人にはなかなか理解し得ないものであるが、本書はその実態を如実に示している。

いずれにせよ、著者は、こうした樺太・千島における日本軍の死闘と多くの犠牲が、ソ連軍による千島全体の占領を遅延させ、ひいてはスターリンの北海道占領計画を挫折させたと述べている。すなわち、圧倒的な米軍の存在ゆえに正式降伏調印前に既成事実化したいとの意図がソ連側にはあったが、日本軍の善戦による軍事的影響により、北海道占領作戦が頓挫し、トルーマンの拒否もあって、スターリンは断念したと推論しているのである。ドイツ統一後明るみに出た旧東ドイツの体制の実態とともに、現在でも統一にともなう諸問題に苦悩しているドイツ、さらには分断されたままの朝鮮半島の現実を考えるにつけ、北海道の占領が回避し得たことの意味の大きさを痛感する。

さらに著者は、こうした犠牲を、「無駄な戦い、戦死者は犬死にと一概に否定し去るだけでは、歴史を一面的にしか見ないことになろう」と見做している。日本では現在においても、戦没者の位置付けをめぐって論争が続いているが、果たして樺太・千島での軍民の犠牲は何を物語っているのであろうか。

その結果、歴史の「皮肉」と言おうか、近年のロシアの研究は、北海道占領計画放棄の代償として、八月二十三日ソ連はこれまでの方針とは一転、日本軍捕虜のシベリア抑留に関する極秘指令を発したと解釈しているとのことである。シベリア抑留に関しては、日本国内ではどちらかと言えば、関東軍幹部が与えたと言われる「言質」が問題となっているが、国際的・歴史的文脈で解釈すべきことは言うまでもない。

旧東欧においては「歴史の見直し」がなされ、例えば、従来ドイツ軍の仕業とされていたポーランド軍将校虐殺が、実はソ連によるものであったと判明した「カティンの森事件」などがある。こうした歴史の検証を踏まえて、ヨーロッパは新たな信頼関係を構築しつつある。

本書の刊行が、満州はもちろん樺太・千島での戦い、シベリア抑留の要因・実態など、日ソ戦の全貌についての、イデオロギーから解放された客観的な研究を進展させる契機となることを期待したい。それが、とりもなおさず、著者も希望する将来における日露間の友好的な隣国関係構築の一歩となるからである。

二〇〇一年七月

追記

本「解説」を執筆したのは、本書が文庫化された二〇〇一年であった。当時、ソ連邦の崩壊から十年が経っていたが、日本国内には新生ロシアの内政、外交、そして歴史認識に対する楽観論がまだ存在していた。すなわち、ロシアは民主化の動きのなか、非公開であった史料の公開が進み、「カティンの森事件」などスターリン時代の負の遺産にも向き合うであろうとの期待があった。筆者も、「解説」の最後に、「本書の刊行が、（中略）イデオロギーから解放された客観的な研究を進展させる契機となることを期待したい。それが、とりもなおさず、著者も希望する将来における日露間の友好的な隣国関係構築の一歩となるからである」と指摘していたのである。

しかし、二〇〇〇年にプーチンが大統領に就任したことにより、国内では権威主義的体制に回帰し、歴史認識に関しては愛国主義政策を強化していった。ついに、本年にはウクライナへの侵略がなされたのである。新生ロシアの誕生から約三十年、日本人の期待は裏切られてしまったと言えよう。その意味で、執筆当時の時代状況を知っていただくととに、自省の念を込めて、「解説」はそのままにさせていただいた。

その代わりに、このような変化やウクライナ戦争を受けて感じた点について「追記」として述べたい。第一に、第二次世界大戦における日ソ戦の位置付けについてである。大東亜戦争は、日ソ戦をはじめ、日中戦争、日米戦争、東南アジアを舞台としたヨーロッパの宗主国との戦いなど多面的であり、かつ各々の戦争は異なる原因と性格を有していた。そのため、独ソ戦を含めヨーロッパの戦争は反ファシズムの戦いといったイデオロギー面が強調されたが、大東亜戦争は必ずしもそうとは言い切れない面があったと指摘された。

加えて、日本の決定により始められた日米戦争及び東南アジアにおける戦争、偶発的事件で始まった日中戦争と、「関特演」をめぐる議論はあるものの、ソ連の中立条約侵犯により始まった日ソ戦は戦争原因や性格を異にしていたことは言うまでもない。

特に近年、第二次世界大戦におけるソ連の位置付けに関するヨーロッパの見方は大きく変化した。これまでは、ソ連は、大戦で最大の犠牲者を生んだ「大祖国戦争」を戦い抜き、ナチズムの侵略を打ち破り、ヨーロッパを解放したと見做されていた。

しかし、二〇〇八年八月欧州議会は、独ソ不可侵条約締結の日を「スターリンとナチスによる犠牲者を追悼する日」とし、スターリニズムとナチズムを同一視したのであった。さらに、欧州議会は二〇一九年九月には、同不可侵条約を大戦の原因と断じて、ソ連とナチスの「二つの全体主義国家」によって、ヨーロッパは第二次世界大戦に突入したとの決議を発表した。これに対して、ロシアは、ソ連とナチスを同一視していると強く反発するとともに、従来の公式見解に反する意見の流布を防止するために、「歴史歪曲の試みに対する対抗委員会」の設置、記憶法の制定などがなされたのであった。

このように現在のヨーロッパでは、第二次世界大戦におけるソ連の位置付けは、反ファシズムの解放者から「二つの全体主義」としてナチスの共犯者であるというように、一八〇度転換したのであった。このような変化は、ロシアが従来主張してきた日本のファシズム・軍国主義に対する戦いといった日ソ戦に関する見解にも影響を及ぼすことは否定し得ないであろう。ちなみに、最近でもロシアのラブロフ外相は、「日本軍国主義の犯罪には時効がないものであり、忘れてはならない」と強調し日本を批判していた。

次に、日本にとっての「終戦」の意味である。ウクライナ戦争の長期化にともない、ロシア軍により侵略・占領された悲惨な状況が徐々に明らかになりつつある。第二次世界大戦においても、ベルリンの陥落にいたったドイツがソ連軍によって被った数多くの暴虐行為が、特にドイツ統一後において語られるようになった。例えば、戦争末期、ソ連占領地域のドイツにおいて約二〇〇万人、ベルリンだけでも約十一万人の女性がソ連軍の暴行を受けたと言われる。

したがって、日ソ戦においても、もし戦争がドイツのように続いていたら、満州で日本人が体験したような過酷な現実が、より広い地域で生起したであろうことは想像に難くない。このような意味で、日本の戦争が、一九四五年八月に、ドイツと異なり「終結」した意味をもう一度見直すべきではないだろうか。「終戦」をもたらした要因は、原爆投下、ソ連の対日参戦といった外的要因をはじめ複合的なものであるが、その一因として、戦争末期の硫黄島・沖縄における日本軍の激しい抵抗がアメリカの政策決定者に対して与えた影響も無視し得ない。日本軍の戦いは、軍事的には敗北ではあったが、「いくつかの政治的目標を達成し得たある種の勝利」であったとも指摘されたのである（ジョン・フェリス）。

著者は、日ソ戦においても、樺太・千島における日本軍の抵抗がソ連軍による千島全島の占領計画を遅延させ、ひいてはスターリンの北海道占領計画を挫折させたと述べている。

このように、スターリニズムとナチズムという「二つの全体主義」が戦争原因であったという近年の議論、さらに日独の戦争終結形態の相違を考えると、戦争の終結を、日本では「終戦」、ドイツでは「解放」（ナチズムからの解放）と称される所以も理解し得ると同時に、日独の相違を象徴していると言えよう。

いずれにしても、本書は約三〇年も前の一九九五年に書かれたものであるが、その価値を失っていないばかりか、前述したような第二次世界大戦期のソ連をめぐる歴史認識の劇的な変化を受けて、その意義は却って高まっていると考える次第である。

（しょうじ　じゅんいちろう：防衛省防衛研究所戦史研究センター主任研究官）

二〇二二年一〇月

解説　樺太、千島の戦いの歴史的意義

花田智之

本書は、防衛大学校教授として長年にわたりソ連軍事史研究に取り組まれてきた中山隆志による先駆的労作であり、日ソ戦争（ソ連の対日参戦）での満洲における戦いに焦点を当てた『ソ連軍進攻と日本軍』（国書刊行会、一九九〇年）の続編にあたる。特に太平洋戦争末期の日ソ戦争における樺太、千島の戦いについて、①ソ連の対日戦準備、②日本の防衛準備、③第五方面軍の第八八師団及び第九一師団による「自衛戦闘」とソ連軍の進攻を分析しながら、樺太、千島の地誌や歴史にも言及しつつ、全体像を明らかにしている。本書の主な特徴は、日ソ双方の戦史研究を突き合わせる形で、作戦準備及び命令、部隊編成、個々の戦闘などを丁寧に描いていることであり、まさに戦場での両軍の息遣いが感じられる筆致となっている。

日ソ戦争はこれまで、日本側の終戦間際の敗戦史という歴史的位置づけや、シベリア抑留及び北方領土問題との関連性、ロシア側の史料公開が大幅に遅れたことなどを理由に、日米戦争や日中戦争に比べて潤沢な研究成果に恵まれてこなかったといえる。近年の注目

すべき研究成果としては、著者も引用しているボリス・スラヴィンスキーが、ソ連崩壊後にいち早くロシア連邦外交史料館所蔵の日ソ外交文書にアクセスし、ソ連の対日参戦の歴史的経緯を明らかにしている。そして、一九四四年九月にヨシフ・スターリン書記長が赤軍参謀本部に対して、ソ連軍の極東集結のための軍事輸送について試算を行うよう命令し、極東のソ連軍兵力を大幅に増強する必要があるとしたことや、ソ連軍を欧州から極東地域に移動させるのに約三カ月を要し、対日参戦のための食料、燃料及びその輸送手段の確保のため、陸路のシベリア鉄道だけでなく、アラスカ経由での海路を通じた兵站が不可欠だと提言されたことも明らかにしている。

また、インターナショナル・ヒストリーの観点から、長谷川毅はソ連の対日参戦と日本の終戦との関連性を、日米ソの三カ国の公文書史料などを駆使して多角的に研究している。特に、ソ連の対日参戦と米国の原爆投下をめぐり、広島への原爆投下までの「時刻表」が存在していたと論じたうえで、米国内にはソ連抜きで日本を降伏させたい意図があったとし、「原爆投下の決定はポツダム宣言が発せられる以前になされており、むしろ、ポツダム宣言は原爆投下を正当化するために出された」と指摘している。さらに、富田武は日ソ両国の公文書史料、中でも二〇一九年に機密解除されたロシア連邦国防省中央公文書館のデジタル文書などを用いて、日ソ戦争前史だけではなく、満洲、樺太、千島での戦闘における日ソ両軍の作戦比較を試みている。また、日本側の大本営・関東軍首脳の責任を批判しながら、日ソ戦争とシベリア抑留の歴史的連続性を重視して、日ソ戦争の結果としての居留民の悲劇、「残留」と「留用」、「戦利品」をめぐる国際関係、「戦犯」裁判などにも言及している。

　著者が本文中で強調している、一九四五年六月二七日の「対日戦略基本構想」についてはソ連崩壊後に公開された公文書史料や公刊史料集などにより、詳細が判明してきている。具体的には、六月二八日に赤軍最高総司令部（スタフカ）が極東方面軍、沿海地方軍集団、ザバイカル方面軍に対して新たな特別指令（第一一一一二号、第一一一一三号、第一一一一四号）を発しており、関東軍の壊滅を目的とした満洲への進攻作戦計画を極秘裏に伝えたことが明らかにされている。また、本格的な軍事輸送として、アンドレイ・フルリョフ赤軍兵站本部長の監督のもと、ノヴォシビルスク＝ウラジオストク間の鉄道が五月一日までは一日二四往復、八月一日までは一日三〇往復、一〇月一日までは三八往復とされた。そして同時期の蒸気機関車の両数は、五月一日までは二七〇八両、七月一日までは二九四七両、九月一日までは三一〇七両と緻密に計算されており、ソ連の対日参戦計画が作戦と兵站の両面で準備されていたことがわかる。

　さらに、ソ連軍による北海道占領計画について、キリル・チェレフコらは六月二六日から二七日にかけて、党中央委員会政治局、人民委員会議（内閣）、ソ連軍指導部の構成員らが参加した極秘会議において審議されたと指摘している。同会議では、キリル・メレツコフ元帥が提案した占領計画に対し、ニキータ・フルシチョフ政治局員が支持したものの、ニコライ・ヴォズネセンスキー人民委員会議副議長、ヴャチェスラフ・モロトフ外務人民委員、ゲオルギー・ジューコフ元帥らが反対したとされる。そのうえで、スターリンが満洲での戦いにおけるソ連軍の戦果が明らかになってから、この問題に立ち返ると判断したことが言及されている。

こうした中、二〇二二年八月一六日付の『読売新聞』朝刊において、麻田雅文がロシア連邦外交史料館所蔵の公文書史料にアクセスして、ソ連の対日戦後構想に関する史料的発見を公表したことは注目に値する。同記事によると、ソ連海軍軍令部のニコライ・ボロゴフ国際法部長が作成した文書の中に「海軍としては日本の以下の地域の管理に関心を抱く」として、南樺太、千島列島、北海道、朝鮮半島北部、釜山港、対馬が挙がっていたとされる。また、赤軍参謀本部のニコライ・スラヴィン特別部長が一九四五年八月二九日に作成した報告書の中で、朝鮮半島はソ連が北緯三八度から北を占領する形で連合国と二分し、個別の占領地域として対馬や済州島も含めるべきだと提言していたことも明らかにされた。これらの史料により、ソ連軍部が北海道占領を太平洋への出口となる宗谷海峡、津軽海峡、対馬海峡とともに重視していたことが理解できる。まさにスターリンが九月二日の対日戦勝記念演説で主張していた、南樺太と千島列島の領有をソ連と太平洋を直結させるものだとする論拠が裏づけられたといえよう。

本書が復刊されるうえで、新たな問題意識として位置づけられるのは、二〇二二年二月二四日に開始されたロシアによるウクライナ侵攻をめぐる「自衛戦闘」のあり方である。本稿執筆時、ウクライナでは予断を許さない戦況が続いているものの、少なくとも侵攻当初、ウクライナのヴォロディミル・ゼレンスキー大統領の「自衛戦闘」について、日本の太平洋戦争末期の無謀な徹底抗戦に伴う戦争終結の遅れや、広島、長崎への原爆投下及び日ソ戦争という歴史的悲劇との対比で、批判的に語られる論調が一部見られた。これに関連して、第五方面軍司令官の樋口季一郎中将による「自衛戦闘」と北海道防衛についても、北海道北部占領が争点となった一九四五年八月の一般命令第一号をめぐる米ソ対立の影響の大きさに鑑みつつ、その歴史的意義を検証するような動きも見られる。この点に関し、著者は「樺太、千島における日本軍の善戦が北海道分割を未然に防ぐことに貢献したことは間違いない」（二四五頁）と述べている。

日本は二〇二五年に戦後八〇周年を迎える。スターリンが対日戦勝記念演説で勝利を声高に叫んだ日、日本では重光葵外相が首席全権代表として、大本営代表の梅津美治郎参謀総長とともに米戦艦ミズーリ号上で降伏文書に調印した。神奈川県足柄下郡湯河原町の重光葵記念館には、そのときの重光の心境を詠んだ短歌「願くは御國の末の栄え行き我が名さけすむ人の多きを」が展示されている。これは「降伏文書に調印した自分（重光：筆者）が蔑まれるほどに栄えある日本になってほしい」との願いが込められている。本書の復刊を通して日ソ戦争における樺太、千島の戦いという位置づけを超えて、太平洋戦争全体における樺太、千島の戦いの歴史的意義を再考する一助になれば幸いである。

（はなだ　ともゆき：防衛省防衛研究所戦史研究センター主任研究官）

二〇二二年一〇月

主要参考文献

外務省編『日露交渉史』（原書房、一九六九年）
外務省欧亜局東欧課「自昭和十六年至昭和二十年　戦時日ソ交渉史」（外務省、一九六六年）
参謀本部編『杉山メモ 上・下』（原書房、一九六七年）
参謀本部所蔵『敗戦の記録』（原書房、一九七九年）
外務省編『日本外交年表竝主要文書』（原書房、一九六五年）
東郷茂徳『東郷茂徳外交手記　時代の一面』（原書房、一九六七年）
富田健治『敗戦日本の内側―近衛公の思い出―』（古今書院、一九六二年）
『国史大辞典』第十三巻（吉川弘文館、一九九二年）
防衛研修所戦史室『北東方面陸軍作戦〈1〉』『同〈2〉』（朝雲新聞社、一九六八、一九七一年）
同　『関東軍〈1〉』『同〈2〉』（朝雲新聞社、一九六九、一九七四年）
同　『大本営陸軍部〈1〉』～『同〈10〉』（朝雲新聞社、一九六七～一九七五年）
読売新聞社編・刊『昭和史の天皇6』『同7』（一九六九年）
木村汎『日露国境交渉史』（中公新書、一九九三年）
鈴木康生著・刊『樺太防衛の思い出（増補）最終の総合報告』（一九八九年）
水津満『北方領土奪還への道』（日本工業新聞社、一九七九年）
同　『北方領土解決の鍵』（謙光社、一九八七年）

中山隆志『満洲―１９４５・８・９　ソ連軍進攻と日本軍』（国書刊行会、一九九〇年）
樺太終戦史刊行委員会編『樺太終戦史』（全国樺太連盟、一九七三年）
戦車第十一聯隊史編集委員会編・刊『戦車第十一聯隊史』（一九七六年）
高橋憲一『札幌歩兵第二十五聯隊誌』（大昭和興産出版部、一九九三年）
池田誠編・刊『戦車第十一聯隊の光芒』（一九九四年）
陸軍省「昭和十年版帝国及列国の陸軍」（一九三五年一月）以下の刊行されていない日本側史料は防衛研究所保管
参謀本部第二十班「昭和二十年大東亜戦争指導関係綴　一般之部」
起案者酒井、参画者伊藤、富田「昭和二十年夏　和平交渉に関する要綱　近衛特使の為に起案」
陸軍省「聯合国トノ折衝関係事項」綴
第一復員局「本土方面作戦記録第四巻付録　樺太及千島方面の作戦」（一九五〇年）
田熊利三郎編「第五方面軍作戦概史」（一九四五年）
「樺太古屯付近戦闘歩兵第百二十五聯隊戦闘詳報」
「歩兵第二十五聯隊歩兵砲大隊戦闘要報」
恵須取方面陸軍指揮官「陸軍少佐吉野貞吾手記」
仲川少佐「真岡の対ソ戦に関して」
山澤饒「歩兵第二十五聯隊長　真岡付近の戦闘概史」（一九七四年）
堤不夾貴「北千島兵団の終戦」（一九五四年十二月）

平井友義「ソ連の初期対日占領構想」（『国際政治』八五号、一九八七年五月）

豊下楢彦「排他的占領管理体制の形成」（『国際政治』八九号、一九八八年十月）

ヴェ・ベレジコフ特別インタヴュー「スターリンが対日参戦を決意した瞬間」（『諸君』一九八二年十月）

ア・キリチェンコ「スターリン執念の対日参戦―それは死の鉄道建設から始まった」（『This is 読売』一九九二年十二月）

「太平洋戦争証言シリーズ14　北海の戦い―千島・アリューシャン戦記」（『丸』別冊、一九九〇年三月）

『北海タイムス』一九六八年六月三日～七月十一日（千島戦記）

『読売新聞』一九九〇年十二月二十五日（北海道上陸）、一九九二年六月三日（捕虜移送指令）、一九九五年一月四日・九日（北海道及び東京分割占領協議の指令）

『毎日新聞』一九九二年二月十六日（北海道上陸）

『産経新聞』一九九三年十月一日～二十五日（戦後日ソの検証）

ソ連共産党中央委員会附属マルクス・レーニン主義研究所編、川内唯彦訳『第二次世界大戦史　10』（弘文堂、一九六六年）

ゲ・カ・ジューコフ著、清川勇吉他訳『ジューコフ元帥回想録』（朝日新聞社、一九七〇年）

ヴェ・ア・ボブレニョフ著、終戦史料館出版部訳・刊『シベリア抑留秘史』（一九九二年）

エヌ・ペ・スンツォフ、ア・イ・テレシェンコ、エム・ペ・フヴォスティコフ『赤旗極東』（軍事出版

所、一九七一年）（以下のロシア語文献の題名は仮訳）

ア・エム・ワシレフスキー『生涯の務め』（軍事出版所、一九七五年）

同「極東における勝利」（『戦史誌』一九七〇年八月、九月）

エス・エム・シュテメンコ『戦時における参謀本部』（軍事出版所、一九八一年）

デ・エフ・ウスチノフ監修『第二次世界大戦　一九三九―一九四五年』第十一巻（軍事出版所、一九八〇年）

ベ・エヌ・スラヴィンスキー『ソ連の千島占領　一九四五年八月―九月』（ナウカ、一九九三年）（邦訳）加藤幸廣訳『千島占領　一九四五年夏』（共同通信社、一九九三年）

エリ・エヌ・ウノトチェンコ『極東における勝利』（軍事出版所、一九七一年）

ヴェ・エヌ・バグロフ『南樺太及び千島作戦』（軍事出版所、一九五九年）

ヴェ・ソログブ「南樺太の戦いにおける水兵達」（『戦史誌』一九七〇年八月）

『イズヴェスチャ』一九三六年一月十六日（トハチェフスキー演説）、一九四五年八月十六日（アントノフ参謀総長談話）

『プラウダ』一九四五年九月三日（スターリン対日戦勝布告）

K. A. Meretsukov, *Serving the People* (Moscow: Progress Publishers, 1971)

Department of States, *Foreign Relations of the United States, 1941*, Vol.IV (Washington D.C.: United States Printing Office, 1958)

（以下米国務省外交文書シリーズをFRUSと略記する。）

FRUS, Conference at Cairo and Teheran, 1943 (1961)

FRUS, 1945, Vol.VI (1969)

Department of Defense, *The Entry of the Soviet Union into the War Against Japan: Military Plans 1941-1945* (Washington D. C.: U. S. Government Printing Office, 1955)

John R. Deane, *The Strange Alliance: Wartime Cooperation with Russia* (New York: Viking Press, 1947)

Herbert Feis, *Churchill-Roosevelt-Stalin: The War They Waged and the Peace They Sought* (Princeton: Princeton University Press, 1957)

William A. Harriman & E. Abel, *Special Envoy to Churchill and Stalin 1941-1946* (New York: Random House, 1975)

Grace P. Hayes, *The History of the Joint Chiefs of Staffs in World War II: The War Against Japan* (Annapolis: Naval Institute Press, 1982)

William D. Leahy, *I Was There* (New York: McGraw-Hill, 1948)

Robert E. Sherwood, *Roosevelt and Hopkins* (New York: Harper & Brothers, 1948)

James F. Byrnes, *Speaking Frankly* (New York: Harper & Brothers, 1947)

Harry S. Truman, *Memoirs by Harry S. Truman: Years of Decisions*, Vol.1 (New York: Doubleday and Company, 1955)

Reports of General MacArthur, Vol.II (Washington D. C.: Government Printing Office, 1966)

Raymond L. Garthoff, "Soviet Operations in the War with Japan: August, 1945". *Proceedings* (Annapolis:United States Naval Institute, January, 1966)

単行本　一九九五年七月　国書刊行会
文庫　二〇〇一年七月　中公文庫

中公文庫

一九四五年夏《せんきゅうひゃくよんじゅうごねんなつ》　最後の日ソ戦《さいごのにっそせん》

2001年7月25日　初版発行
2022年11月25日　改版発行

著　者　中《なか》山《やま》 隆《たか》志《し》

発行者　安部順一

発行所　中央公論新社
〒100-8152　東京都千代田区大手町1-7-1
電話　販売 03-5299-1730　編集 03-5299-1890
URL https://www.chuko.co.jp/

ＤＴＰ　嵐下英治
印　刷　三晃印刷
製　本　小泉製本

Published by CHUOKORON-SHINSHA, INC.
Printed in Japan　ISBN978-4-12-207285-5 C1121